日本国宝
解剖书

［日］佐藤晃子 著　史诗 译

新 星 出 版 社　NEW STAR PRESS

新经典文化股份有限公司
www.readinglife.com
出　品

在国宝中寻找美的源流，

感知美，鉴赏美。

前言

    在日本美术掀起热潮的今天，相关的展览总是排起长龙，与之有关的解说书也大量出版，其中不乏以国宝为主题的书籍，本书便是其中之一。

    无论是已经有艺术鉴赏习惯的人，还是最近才对此产生兴趣的人，笔者都建议先去观赏国宝。即使是遍览各类名作的资深鉴赏家，也是一样，只有培养好鉴赏力，才能在与实物接触时发现其中的巧夺天工与趣味之处。

    被选为国宝的文物跨越千百年时光，传承至今。专家们慎重地从众多珍贵文物中选出了在不同时代、不同类型里格外卓越、具有独创性与历史价值的单品。因此，欣赏国宝就是与精挑细选的作品面对面，鉴赏力自然会得到培养。当亲眼目睹国宝的印象留在记忆之中时，再欣赏别的作品，便能发现国宝的不凡之处，切身感受国宝之妙。

在国宝中，也有一些初见时难以理解其卓越之处的作品。因此，本书选取了绘画、雕刻、建筑等多种类型的国宝，尽可能用简短的话语说明它们的出色之处和欣赏要点。此外，针对国宝是什么，是由谁、经过何种程序选出等基础问题，本书也进行了总结。

今后若有机会，希望诸位能以本书为线索，前去欣赏这些国宝。目前在日本，美术工艺品类的国宝和建筑类的国宝加起来超过了一千件。在日本各地旅行探访国宝，是个不错的选择。如果本书能为此锦上添花，我也将深感荣幸。

目录

第 3 章　　# 雕塑

第 4 章 ┊ # 建筑·历史资料

国宝的基础知识

国宝到底是什么？由谁来决定呢？首先，让我们从国宝的基础知识出发。

国宝是什么？

　　听到国宝一词，人们首先会觉得"一定是很棒的东西"。虽说的确如此，但国宝并不是根据"因为是国宝所以了不起"来评选的，评定国宝是一种出于保护国民之宝的想法所设定的制度。根据日本的文物保护法，国宝是"从世界文化角度看，在重要文物中具有高度价值之物，是独一无二的国民之宝"。也就是说，重要文物的身份是被选为国宝的大前提。从中，专家再挑出具有极高文化和历史意义的文物定为国宝。为了让这些国民财产传至下一代，一旦被选中为国宝，文物持有者就必须对其进行妥善的保存、管理。持有国宝，意味着责任重大。

国宝入选需要全票通过

首先，日本文化厅的调查官会从价值得到广泛认可的文物中选出候选作品，列出名单。随后，文部科学大臣向文部科学省设置的文化审议会咨询意见，文化审议会再委托由各个领域专家组成的专门调查会进行调查。审议会在讨论列表中的作品入选与否时，即使只有一个人反对，这件作品也不能被选为国宝。讨论的结果由文化审议会报告给文部科学大臣，获批后，决议才会公布于众。可见，被选为国宝，需要跨越许多难关。

一旦被选为国宝，就会于当年4月在东京国立博物馆公开展览。

哪怕只有一人反对，都无法成为国宝。

无法成为国宝的著名文物

有些文物虽然有名，却意外与国宝无缘，例如：正仓院的宝物、桂离宫、伊藤若冲的《动植彩绘》等。这是因为，按照惯例，皇室的私有物品（御物）等由宫内厅管理的文物不能被选为国宝。尽管不是国宝，但它们的价值却不容置疑。

合计 8 个领域，共 1110 件

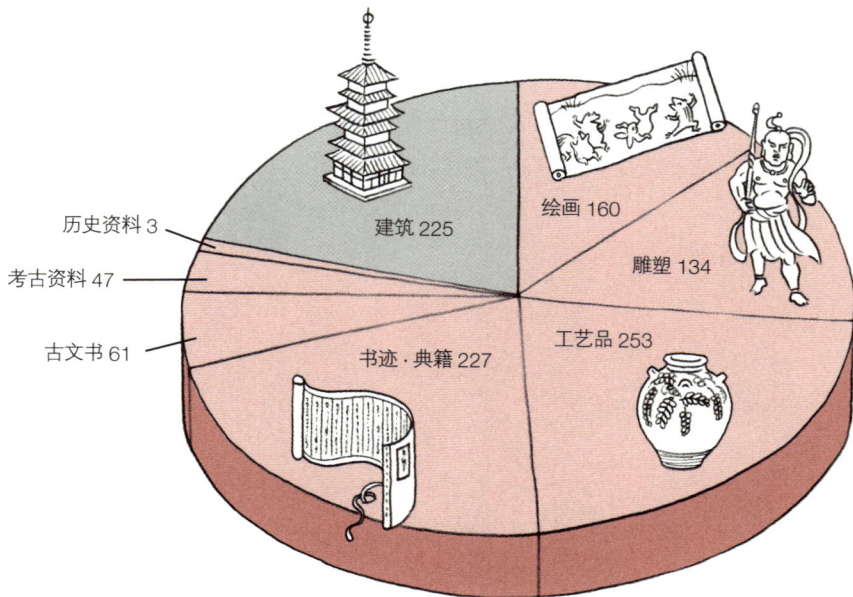

建筑 225

绘画 160

雕塑 134

历史资料 3

考古资料 47

古文书 61

书迹·典籍 227

工艺品 253

（2018 年 3 月 1 日统计）

    在日本，被选为国宝的文物共有 1100 多件。国宝的评选每年举行一次，因此数量基本上每年都会增加。1100 多件，虽然看起来很多，但其实被列为重要文物的作品有 13 000 多件，国宝占的比例其实还不到十分之一。可见，被选出的国宝是多么珍贵。

    国宝的种类大致上可以分为建筑和美术工艺品，美术工艺品又包括绘画、雕塑、工艺品、书迹·典籍、古文书、考古资料和历史资料这 7 个领域。本书主要选取了绘画、雕塑、工艺品和建筑类国宝，介绍它们的看点和信息。

如果被选为国宝……

　　国宝是国民之宝，但并非全为国有，也有许多国宝属于团体、法人或是个人财产。此时，持有者虽然可根据自身意愿传给后人或出售，但必须告知文化厅长官，且不能出口国外。不过，若是借给国外的展览会，用于介绍日本文化，则可暂时外运。

可行事项	禁止事项

- ○ 可以出售。但要提出转卖申请或变更持有者，要在 20 天内通知文化厅长官。
- ○ 可以继承、赠送。
- ○ 可以出售给国家，且可免缴所得税。

- × 禁止出口国外（也禁止出售或赠送）。
- × 禁止在未获得文化厅许可的情况下出售。
- × 禁止放任其损坏或丢失（有提出报告的义务）。

不在国内，就不能成为国宝

　　文物保护法的有效范围仅限日本国内，因此被选为国宝的文物也仅限于日本国内。波士顿美术馆收藏的《法华堂根本曼陀罗图》和《吉备大臣入唐绘卷》等名作，虽然当选国宝的呼声很高，但它们身在美国，因此无法成为日本国宝。

　　不过，日本国内还有许多来自外国的国宝，约占总数的十分之一。因此，源出地并不重要，所在地最为关键。

这些宝物若在日本，会立刻当选国宝？！

《法华堂根本曼陀罗图》
奈良时代（8世纪）
波士顿美术馆

《吉备大臣入唐绘卷》
平安时代（12世纪）
波士顿美术馆

国宝几乎遍布日本各地

在全日本各都道府县中，东京拥有的国宝最多，因为东京国立博物馆长年都是文物的接收方。

但是从第 2 名开始，近畿地区就占据了绝对优势。京都、奈良、大阪、滋贺、和歌山，再加上兵库，大约 55% 的国宝都在近畿 6 府县。

与此相对，也有像德岛和宫崎这样完全没有国宝的县。不过两县也有许多重要文物，在今后也有可能成为国宝。虽说数量各异，但国宝可以说是遍布全日本的。

北海道唯一的国宝是 2007 年选定的"中空陶俑"（P21）。

京都排名第 2，有 233 件。

东京最多，有 280 件。

奈良以 202 件排名第 3，但雕塑以压倒性的数量，位居第 1。

冲绳的"琉球国王尚家关系资料"是当地唯一的国宝，但其中包含了 1251 件文物。

人间国宝也是国宝？

人间国宝属于通称，正式名称为"重要无形文化遗产传承者"。与建筑等有形文化遗产相对，人间国宝指的是无形的个人技艺。

国宝和世界遗产有什么区别？

世界遗产是指名列联合国教科文组织《世界遗产名录》的地标或区域，分为文化遗产、自然遗产和复合遗产三种。截至 2019 年 7 月，日本共有 23 项世界遗产（文化遗产 19 项，自然遗产 4 项）。

第 1 章

考古资料与工艺品

本章将介绍属于考古资料类的国宝，包括绳文时代的陶俑和金印，以及属于工艺品类的国宝，包括玉虫厨子、曜变天目、大铠和刀剑等。快来欣赏它们独具个性的造型和由高超技术打造的美感吧！

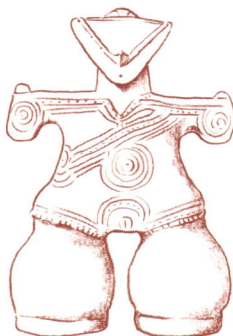

它的造型是火焰，还是动物？五千年前的美之源流

深钵形土器（火焰型土器）

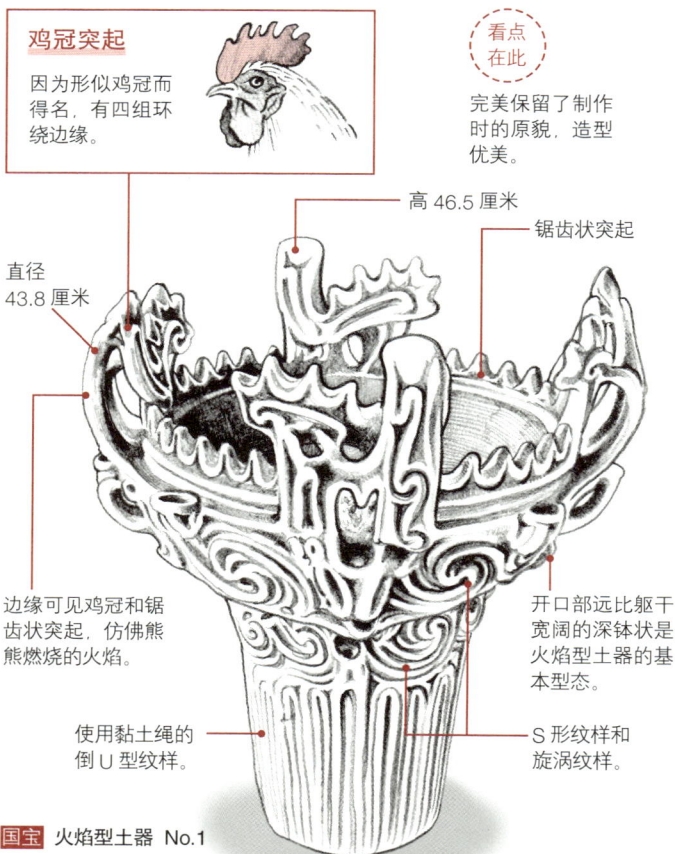

鸡冠突起

因为形似鸡冠而得名，有四组环绕边缘。

看点
在此

完美保留了制作时的原貌，造型优美。

高 46.5 厘米

锯齿状突起

直径
43.8 厘米

边缘可见鸡冠和锯齿状突起，仿佛熊熊燃烧的火焰。

使用黏土绳的倒 U 型纹样。

开口部远比躯干宽阔的深钵状是火焰型土器的基本型态。

S 形纹样和旋涡纹样。

国宝 火焰型土器 No.1

data
绳文时代（公元前 3500 年—公元前 2500 年）
十日町市博物馆（新潟）

在存续了超过 1 万年的绳文时代，日本各地都出现了个性丰富的绳文土器。著名的新潟县笹山遗迹的出土文物中，有 57 件深钵形土器被选为国宝，包括 14 件火焰型土器。其中，编号 1 号的土器，因其优美的造型和良好的保存状态被视为绳文土器的翘楚，人们亲切地称之为"绳文雪炎"或是"No.1"。它拥有让人联想到鸡冠的不可思议、形似锯齿的装饰，以及完美无缝的黏土绳纹图案，这些华丽的装饰很容易激发观者的想象力。我们虽无法得知这些装饰的具体含义和用途，但它的确是来自 5000 年前、造型充满魅力的珍贵遗存。

保存率 95%！奇迹般的保存状态

编号为 1 号的火焰型土器拥有 95% 的极高保存率，尽管是绳文时代中期制造的古老文物，却能通过碎片的拼合完整呈现当时的原貌。

倒立出土的 No.1

No.1 所属的笹山遗迹是绳文时代中期至后期的村落遗迹。从昭和 55 年 (1980) 开始，经过 7 次挖掘调查，一共出土了 928 件文物，其中除了深钵形土器，还有陶俑和石器。

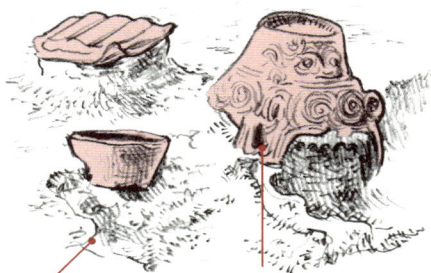

但也有四散的碎片。

No.1 火焰型土器是倒立着出土的。上半部分近乎完整保存。

其他火焰型土器的保存率

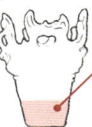

国宝 No.12
保存率 25%
包含碎片在内，仅出土了四分之一。

国宝 No.3
保存率 45%
只发现了不到一半。

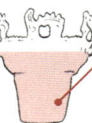

国宝 No.8
保存率 80%
大部分都保存下来了。高 22.6 厘米，宽 22.8 厘米，只有 No.1 的一半大。

巧夺天工的理由

在绳文时代，人们通过狩猎和采集获取食物。定居生活赋予了人们闲暇的时间，这样的从容同样反映在日常厨具的制作中，人们开始为这些用具加上复杂的装饰。

从山川湖海中采集食物，安居乐业。

笹山遗迹中还发现了竖穴式住宅[1]、地炉和储藏洞等。

时间的充裕滋生了创意，推动了艺术的诞生。

火焰型土器集中在新潟县

火焰型土器在新潟县最多见，几乎全部出土于新潟县内的信浓川中上游地带。

火焰型土器竟在料理中使用

在当时日常使用的土器上，经常可见因汤汁溢出、烘烤和烧焦留下的使用痕迹。火焰型土器上也有相同的痕迹。装饰如此精美的土器，竟被用于烹饪。当然，也可能仅在特别的仪式中使用。

笹山遗迹　长冈市
十日町市
津南町

绳文遗迹的出土分布

十日町市博物馆中有多件被选为国宝的土器，长期轮流展览。官方网站会公布最有名的火焰型土器 No.1 的展览计划，参观时需要提前确认。

①日本绳文、弥生和古坟时代常见的半地下式住宅，在地面挖出坑洞，将柱子立于其中，上方覆盖屋顶。

19

造型极富特色的最古老国宝

陶俑

　　人们大约在 15 000 年前开始制作人形素烧土器。最开始的陶俑形状扁平，只有巴掌大小，到了绳文时代中期以后，陶俑的形状变得立体起来，逐渐走向大型化。

　　如今，有 5 件陶俑被列入国宝，皆为绳文时代中期之后制造，且与常见的陶俑截然不同。其中，有的被发现时几乎完好无损，有的则是碎片四散，但后来被成功修复，再现原貌。

国宝 绳文时期的女神

东北地区出土的绳文时代中期代表性陶俑，也是现存陶俑中最完整的。身形苗条，设计新颖。

看点
在此

现存最高大的立式陶俑。

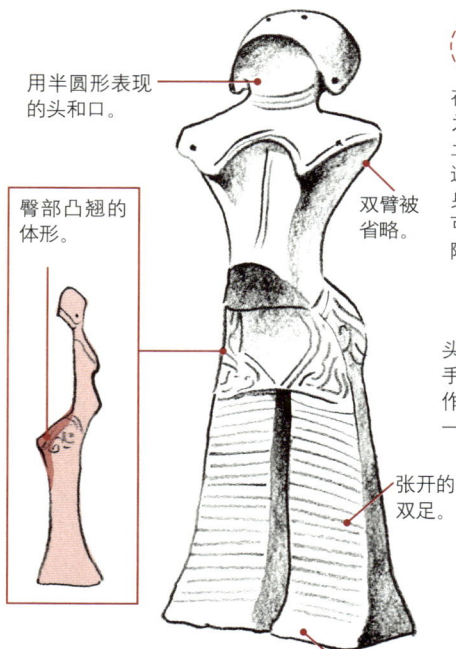

用半圆形表现的头和口。

臀部凸翘的体形。

双臂被省略。

张开的双足。

双脚底部有黏土被挖去的痕迹，应该是为了保证陶俑得到充分烧制。

data
绳文时代中期（公元前 3000 年—公元前 2000 年）
山形县立博物馆（山形）
高 45 厘米

国宝 绳文时期的维纳斯

代表绳文时代中期的立式陶俑。形似一位丰满的女性。这是绳文时代文物中第一个被选为国宝的。

看点
在此

在众多被人为损毁的出土陶俑中，这尊陶俑全身保存完好。可能为特殊陶俑。

心形的脸，眼角吊起。

表面光滑，黏土中混有云母，表面富有光泽。

腹部下垂突出，形似孕妇。

头部、躯干和手脚是分别制作然后连接在一起的。

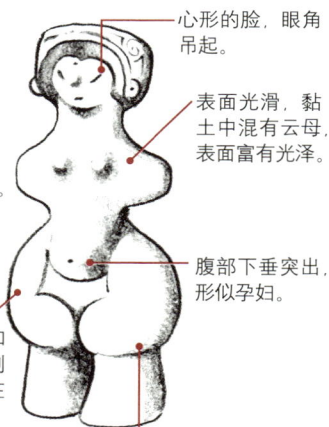

臀部是可爱的倒心形。

data
绳文时代中期（公元前 3000 年—公元前 2000 年）
茅野市尖石绳文考古馆（长野）
高 27 厘米

国宝 合掌陶俑

合掌陶俑的特征在于，陶俑呈现出双手在胸前合十进行祈祷的姿势。"风张 1 号"出土于大型村落遗迹中，出土时为碎片状态。

- 脸颊上残留着红色颜料。
- 名字来自合掌的姿势。
- 有施以绳文图案的部分和没有图案的部分，加强了装饰效果。

修复含有特殊意义

裂口处粘有天然柏油。人们通过修复陶俑，祈祷复活与重生。

data
绳文时代后期（公元前 2000 年—公元前 1000 年）
青森县八户市
高 19.8 厘米

国宝 中空陶俑

看点在此 现存最大的中空陶俑。

从头部到脚尖都是中空的。偶然发现于家庭菜园中，是北海道的第一件国宝。

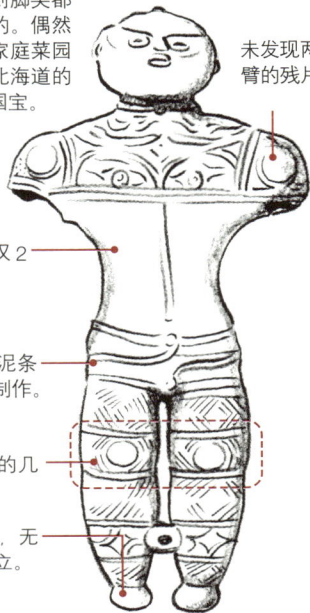

- 未发现两臂的残片。
- 躯干厚度仅 2 毫米！
- 用高超的泥条盘筑技法制作。
- 左右对称的几何纹样。
- 脚尖圆润，无法单独站立。

data
绳文时代后期（公元前 2000 年—公元前 1000 年）
函馆市绳文文化中心（北海道）
高 41.5 厘米

国宝 面具女神

在看似集体墓地的地方出土。对于了解绳文人如何使用陶俑，具有珍贵价值。

- 头部后方有腰带状的东西。
- 或许是穿戴面具所用的系绳。

- 脸部呈倒三角形的面具状。
- 纹样左右并不对称。
- 腿部一侧受到刻意破坏，碎片被置于躯干内部。

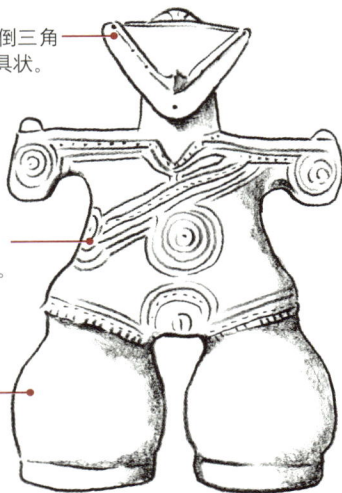

data
绳文时代后期（公元前 2000 年—公元前 1000 年）
茅野市尖石绳文考古馆（长野）
高 34 厘米

茅野市尖石绳文考古馆展示着当地发现的绳文时期的维纳斯和面具女神。从 JR 中央线茅野站乘坐市内公交约 20 分钟抵达。

最小的国宝，也是最初中日交流的遗留物

金印

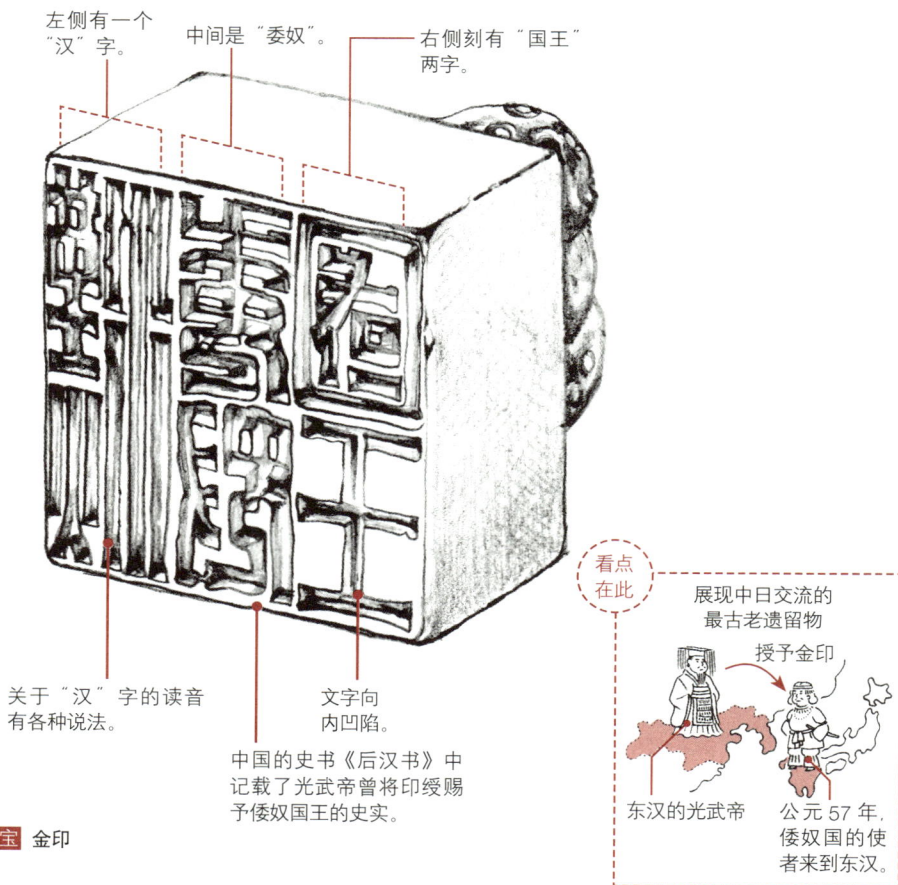

左侧有一个"汉"字。

中间是"委奴"。

右侧刻有"国王"两字。

关于"汉"字的读音有各种说法。

文字向内凹陷。

中国的史书《后汉书》中记载了光武帝曾将印绶赐予倭奴国王的史实。

国宝 金印

看点在此

展现中日交流的最古老遗留物

授予金印

东汉的光武帝

公元 57 年，倭奴国的使者来到东汉。

data
后汉〔弥生时代后期，公元 1—3 世纪〕
福冈市博物馆〔福冈〕

在福冈的志贺岛偶然发现的江户时代金印是最小的单体国宝。印面边长仅有 2.3 厘米，上面刻着"汉委奴国王"的字样。中国的史书《后汉书》记载了皇帝向倭奴国王赐印一事，被认为正是此金印。这是鉴证最初中日交流情形的珍贵文物。虽然有说法认为金印是伪造的，但印的大小与东汉时期的一寸相当，金的纯度也达到了极高的 95%，近似中国古代的印。因此大多数人认为，江户时代难以伪造这样的印。

最小的国宝

边长约 2.3 厘米。如今的 1 日元硬币直径为 2 厘米，两者大小几乎相同，非常容易想象。

原材料
金的纯度极高，达到 95.1%，此外还有 4.5% 的银与 0.5±0.5% 的铜合金。

高
2.2 厘米。

边长
平均 2.347 厘米。
与东汉初期的一寸
（约 2.35 厘米）相近。

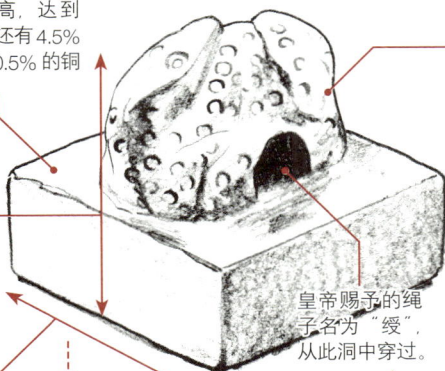

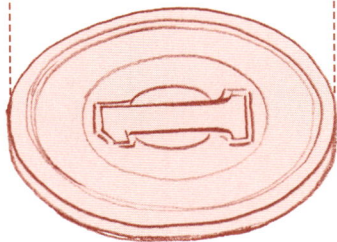

皇帝赐予的绳子名为"绶"，从此洞中穿过。

绳子的造型象征身份

蛇形绳
蛇形是南方民族的象征。难道倭奴国被光武帝当成了南方民族？

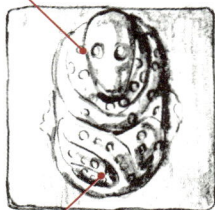

带有斑点花纹的蛇盘成旋涡状。

汉代获得官位的人按照身份会获赐不同的印。

乌龟→
皇太子或高官

骆驼→
北方的民族

金印的使用方法

装有文书或贵重物品的盒子。

用黏土块封住绳结处，盖上印章。

系上绳子。

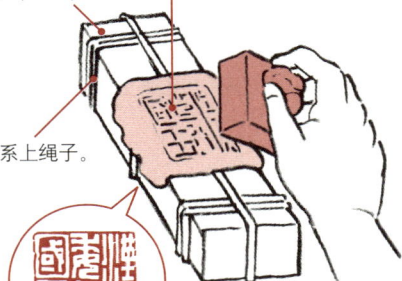

为了让盖在黏土上的文字向上凸出，印上的文字是向内凹陷的。

出土地变身公园

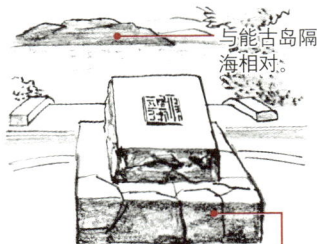

与能古岛隔海相对。

志贺岛在这里

广岛

福冈

入口处建有"汉委奴国王金印发光之处"纪念碑。

金印长期在福冈市博物馆内展览，复制品可以触摸。金印公园曾一度因整修工程关闭，后来重新开放，游客络绎不绝。

将建筑、工艺与绘画融为一体，飞鸟时代的综合艺术品

玉虫厨子①

　　源自法隆寺的玉虫厨子佛龛因透雕的金属部件下方填满了吉丁虫的翅膀而得名。这是一件比常人身形更高大的佛龛，由附带屋顶的宫殿部分和下方的底座部分组成。宫殿内部贴有镀金铜的锤鍱佛像，门扉、背面和须弥座四面绘有释迦牟尼的前世故事，让人体会到信徒的虔诚。飞鸟时代的建筑如今几乎荡然无存，但这件佛龛却将当时的建筑样式和屋顶葺瓦的技法传承至今。仅从这一点上看，这件佛龛便无上珍贵。

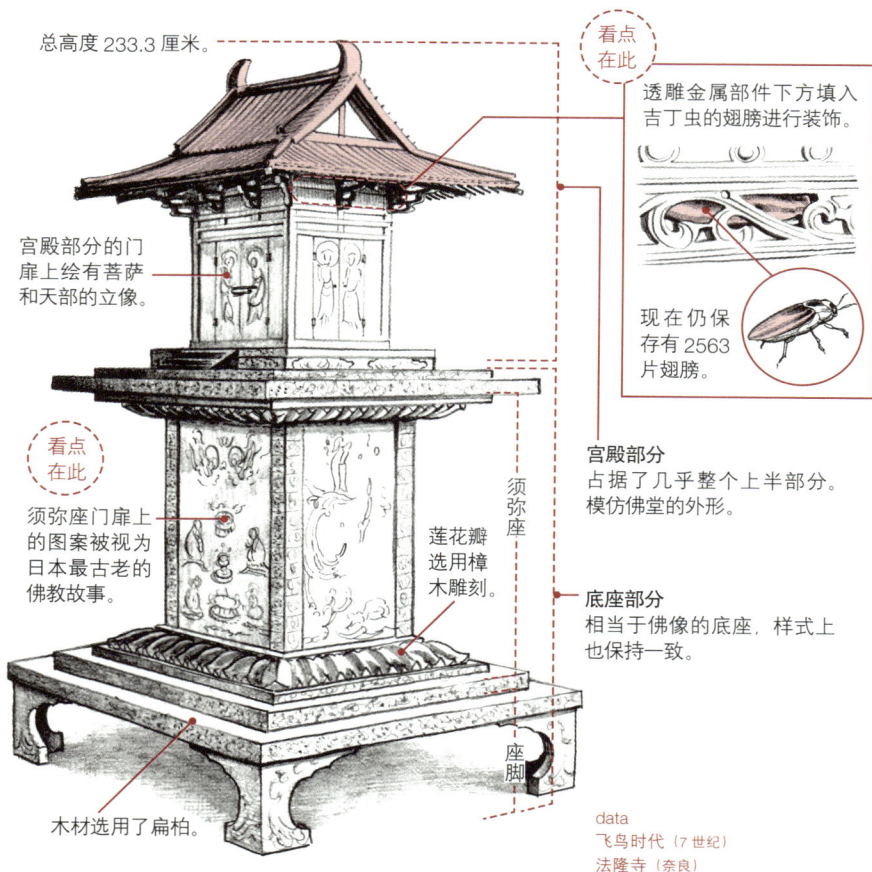

总高度 233.3 厘米。

看点在此

透雕金属部件下方填入吉丁虫的翅膀进行装饰。

现在仍保存有 2563 片翅膀。

宫殿部分的门扉上绘有菩萨和天部的立像。

看点在此

须弥座门扉上的图案被视为日本最古老的佛教故事。

莲花瓣选用樟木雕刻。

须弥座

宫殿部分
占据了几乎整个上半部分。模仿佛堂的外形。

底座部分
相当于佛像的底座，样式上也保持一致。

座脚

木材选用了扁柏。

data
飞鸟时代（7 世纪）
法隆寺（奈良）

国宝 玉虫厨子

①玉虫，即吉丁虫。厨子，即佛龛。

凝聚飞鸟艺术的精粹

宫殿部分是古代建筑的精密模型

如今飞鸟时代的建筑几乎荡然无存，宫殿部分就是考察法隆寺金堂等同时代建筑的指标。

入母屋造
在寄栋造①上方加盖切妻造②构成的屋顶造型。

錣葺
像一本打开倒扣的书，中间有高低差。

錣
头盔左右两侧和后方垂下的部分。

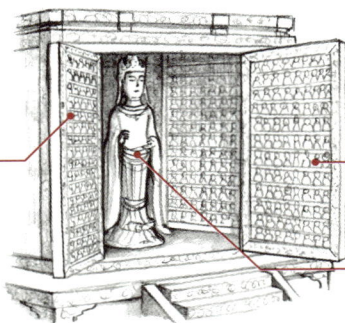

宫殿内部无缝排列着 4500 尊锤鍱佛像。

锤鍱佛像
在原型上覆盖极薄的铜片，用锤子敲击成的佛像。

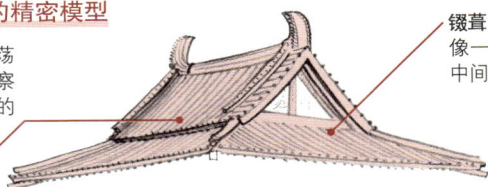

厨子
安放佛像或舍利的佛具。

当年的佛像已不知去向，很可能曾安放过释迦牟尼像。

须弥座上的绘画表现舍身思想

底座的左侧面绘有释迦牟尼舍身的前世故事，表现出信众对释迦的皈依。

前世的释迦牟尼正在崖上脱衣。

从崖上纵身跃下，将身体献给饥饿的老虎母子。

被老虎母子吃掉。

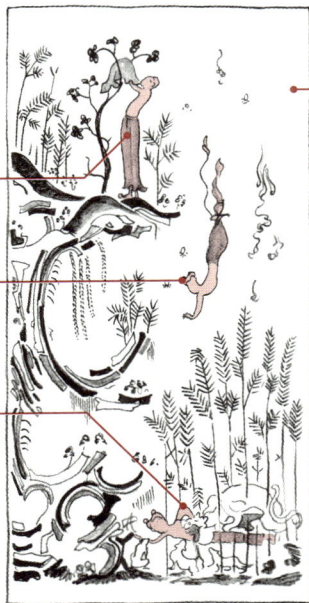

同时使用两种技法，一是用朱漆绘制的漆画，二是在油中溶入四色颜料绘制的密陀画（油画的一种）。

什么是舍身？

舍弃自己的身体救助他人或献给佛祖，即为舍身。有烧身、入水、投身、断食等舍身方法，这里描绘的舍身饲虎是其中之一。

从 JR 大和路线法隆寺站步行 20 分钟即到法隆寺。在境内北侧的大宝藏院可以看到保存下来的两座佛龛（玉虫厨子，橘夫人念持佛厨子）。

①寄栋造：指四面皆为斜坡的屋顶样式。
②切妻造：指山形的双坡屋顶样式。

从妻子的悲念中诞生的日本最古老刺绣

天寿国绣帐

记有"部间人公"字样的乌龟。

月与兔

渡来人绘制底稿，采女[1]们负责刺绣。

将飞鸟时代的原件和镰仓时代的仿品碎片贴在一起。

看点在此

日本最古老的染色作品，极难保存下来的刺绣。

用墨修补重描了眼鼻。

穿着裙状下衣的女性。

记有"于时多至"字样的乌龟。

"天寿国"是什么？

圣德太子往生的死后世界。

建筑中的五名男女。

佛殿与僧人。

在入母屋造[2]的钟堂里敲钟的僧人。

保留部分飞鸟时代的布料

国宝 天寿国绣帐

data
飞鸟时代（7世纪）
中宫寺（奈良）

日本最古老的刺绣——天寿国绣帐，是因太子妃橘大郎女的思念诞生的——她想看看亡夫圣德太子往生的天寿国的样子。帐幕原本有两块，绣有身穿宫廷服饰的男女和一百只乌龟，但现在仅存由飞鸟时代制作的原件和镰仓时代制作的仿品合成的一块。难以保存的刺绣能够流传至今，可谓极其贵重的飞鸟时代的遗产。

①采女指在后宫侍奉的女官。
②入母屋造：即歇山顶，共有九条屋脊，包括一条正脊、四条垂脊和四条戗脊，由于其正脊两端到屋檐处中间处断开，分为垂脊和戗脊，好像"歇"了一歇，故名歇山顶。

原件的保存状况比仿品更好

原件制作于飞鸟时代。文永 11 年（1274），中宫寺的信如比丘尼在法隆寺发现原件，第二年就制作出了仿品。对比刺绣的图案与布料，会发现原件的保存状态更好。

飞鸟时代的刺绣

龟壳上"部间人公"的刺绣※清晰可见。

底料选用的是罗地（像网一样透明的织物）。上有日本最古老的刺绣。

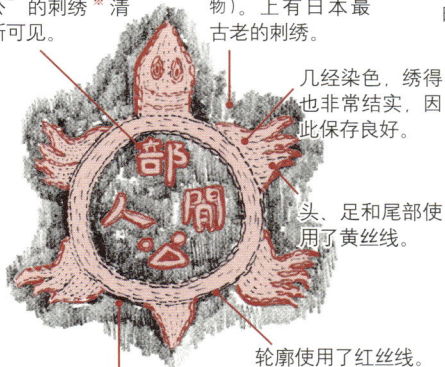

几经染色，绣得也非常结实，因此保存良好。

头、足和尾部使用了黄丝线。

轮廓使用了红丝线。

丝线采用强捻，呈 Z 形。

只采用回针缝纫法，比平缝更加结实，针脚也更美观。

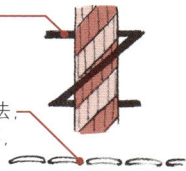

镰仓时代的刺绣

勉强能读出"于时多至"的字样。

头、足和尾部的丝线松散，还出现了褪色。

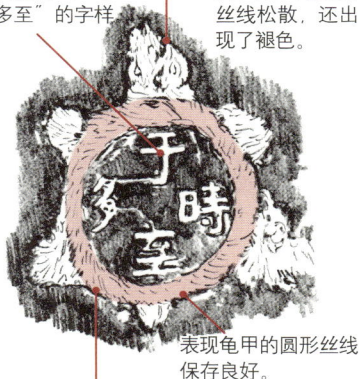

表现龟甲的圆形丝线保存良好。

丝线采用弱捻，呈 S 形。

混合了驹绣和平绣等九种技法。

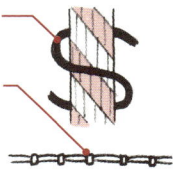

※ 每只乌龟身上有四字铭文，100 只乌龟也就有 400 字。铭文文献保存至今，我们可借此了解天寿国绣帐的制作背景。

悲于圣德太子之死的第四位妃子是提案者

橘大郎女
推古天皇之孙。现存记录表明，太子死后，她请求祖母推古天皇允其制作天寿国绣帐。

圣德太子
（574 ？ —622）
有四位妃子，橘大郎女是其晚年的妃子。

> ### 太子的妃子们
>
> 菟道贝蛸皇女，圣德太子的表妹。
> 苏我刀自古郎女，圣德太子的长子山背大兄王的生母。
> 膳菩岐岐美郎女，据说在圣德太子离世的前一天死去，育有 8 个子女。

🔍 从 JR 法隆寺站乘坐开往法隆寺门前的巴士，在终点下车，步行 8 分钟即可到达中宫寺。天寿国绣帐现寄放在奈良国立博物馆，中宫寺佛堂里的是复制品。

蒔绘①中的经典，平安时代后期文化的象征

片轮车蒔绘螺钿手箱

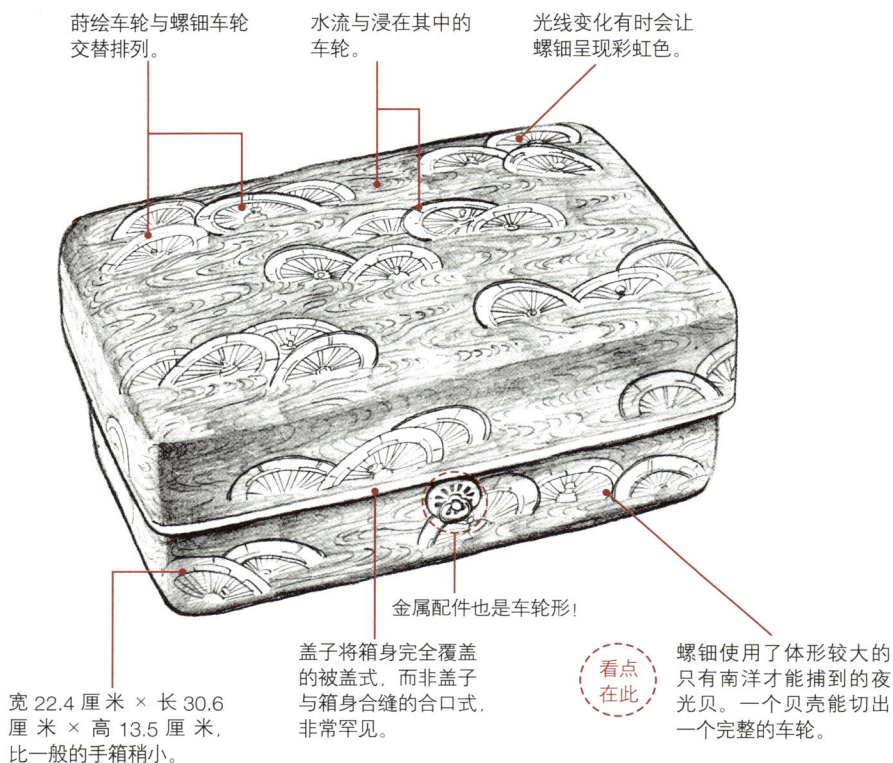

蒔绘车轮与螺钿车轮
交替排列。

水流与浸在其中的
车轮。

光线变化有时会让
螺钿呈现彩虹色。

金属配件也是车轮形！

盖子将箱身完全覆盖
的被盖式，而非盖子
与箱身合缝的合口式，
非常罕见。

看点
在此

螺钿使用了体形较大的
只有南洋才能捕到的夜
光贝。一个贝壳能切出
一个完整的车轮。

宽 22.4 厘米 × 长 30.6
厘米 × 高 13.5 厘米，
比一般的手箱稍小。

国宝 片轮车蒔绘螺钿手箱

data
平安时代〔12 世纪〕
东京国立博物馆〔东京〕

　　流水和车轮组合在一起的纹样称为"片轮车纹"。这一图纹源自当时的日
常风景，人们将牛车的车轮浸入水中，防止干裂。同时，车轮的形状也与盛
开在极乐净土池中的莲花相似。虽描绘的是现实的光景，却包含着佛教的寓
意。手箱本身采用了被盖式，在诸多合口式的手箱中显得格外特别。手箱常
用于收纳化妆用品等，但从这一手箱的大小和被盖式的设计来看，也许是用
于收纳经文的经箱。优美的纹样中蕴藏着佛教意涵，是代表平安时代工艺水
准的名品。

①蒔绘：日本独特的漆器工艺技法，将金银粉或其他彩粉撒在涂过漆的器物上表现各种图案。

蕴藏佛教意涵的优美车轮图纹

将牛车的车轮浸在水中，是当时的贵族们眼中的日常风景，这一风景也与极乐净土的景象十分相似。

手箱上的图纹

日常的风景

为了防止木制车轮开裂，需要浸入水中保养。

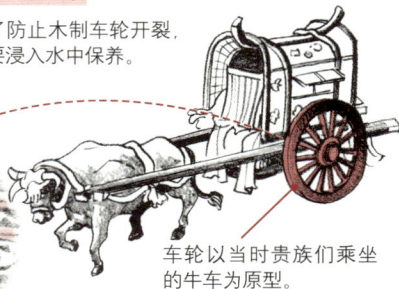

车轮以当时贵族们乘坐的牛车为原型。

净土的风景

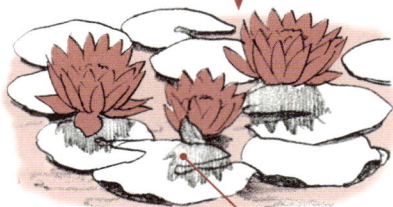

浸在水中的车轮＝漂浮在净土的池塘中的莲花。

在经文中可以看到大量将巨大的莲花比作车轮的例子。

箱盖内侧也有精致的设计

蝴蝶、小鸟、菊花、枫叶、芒草和桔梗等植物的枝条是用金粉和银粉研出的莳绘。

这些图纹和片轮车图纹都是当时流行的设计。

贯穿平安时代的流行莳绘技法：研出莳绘

在涂过漆的表面用细笔画出图纹，再撒上金粉和银粉定型，这样的莳绘技术是日本原创的。这里的车轮图纹采用的就是莳绘技法中具代表性的研出莳绘。

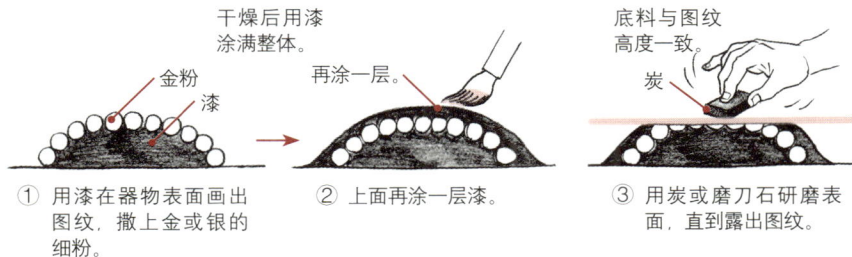

干燥后用漆涂满整体。

金粉
漆

再涂一层。

底料与图纹高度一致。

炭

① 用漆在器物表面画出图纹，撒上金或银的细粉。

② 上面再涂一层漆。

③ 用炭或磨刀石研磨表面，直到露出图纹。

仔细观察用螺钿装饰的车轮轮廓线，会发现有些线条不对齐的现象，或许是用力过猛的缘故。这种粗犷也是螺钿手箱的魅力之一。

既是武器，也是艺术品

刀剑

在被指定为国宝的工艺品中，将近半数都是刀剑。锻铁成形，用火烤后开出刀刃，再研磨表面，即可制成刀剑。刀身之所以难以折断或弯曲，刀刃之所以锋利，都是源于这一系列制作过程。

人们对刀具功能的追求，推动了高纯度生铁和被称为"刃纹"的各种图纹的出现，使得刀剑成为可以鉴赏的卓越艺术品。

那么，我们该怎样欣赏刀剑呢？首先可以从这三点来鉴赏。

鉴赏要点

鉴赏刀剑的要点主要有三个，分别是整体姿态、生铁和刃纹。

锋
刃
棱
弯度
背
全长
刃纹
铭文
榫钉洞
柄

1. 观察姿态

观察刀身宽度、长度、弯度等整体姿态。

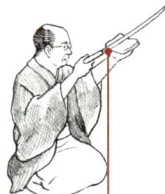

一般来说，弯曲处靠近刀柄的刀剑年代更久远。

2. 观察生铁

观察未经火烤，看起来发黑的生铁纹样。常用木纹来比喻，称为"××肌"。

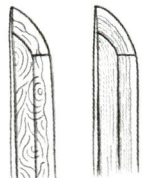

板目肌[1]   柾目肌[2]

3. 观察刃纹

最重要的鉴赏要点。观察火烤后刀刃前端形成的白色纹样。

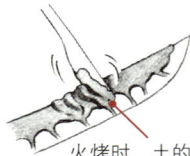

火烤时，土的涂法决定了刃纹。

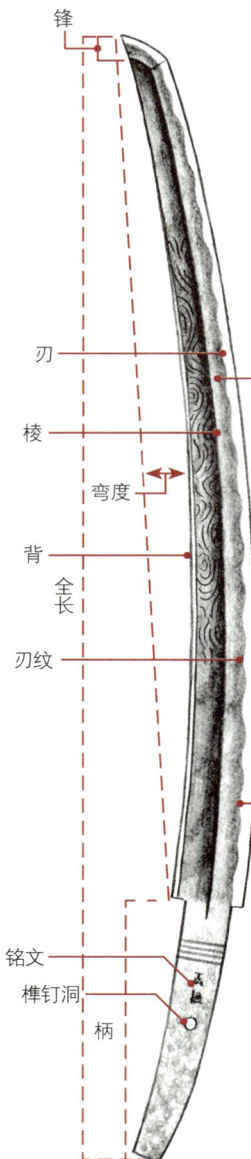

① 板目：指弯曲不规则的木纹。
② 柾目：指笔直的木纹。

传说中的名刀介绍

从历史人物喜爱的名刀，到献给神明的宝物，许多刀剑都曾被秘藏而不得见。这里选取了在博物馆和美术馆能欣赏到的刀剑，来介绍它们的看点。

`国宝` **太刀 铭三条**（名物三日月宗近）
平安时代（10—12 世纪）· 东京国立博物馆

由曾经活跃在京都的刀匠三条宗近制作。因其图纹形似三日月[1]而被称为"三日月宗近"。

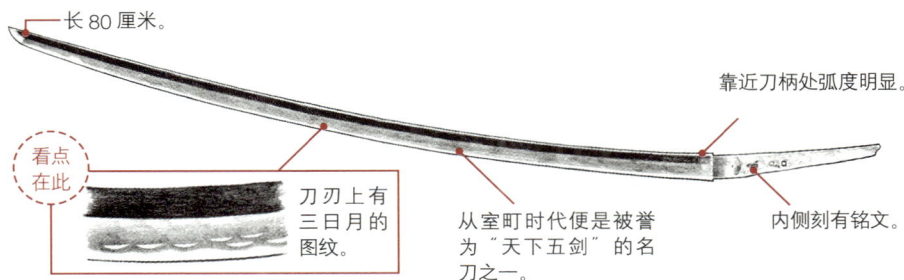

长 80 厘米。

靠近刀柄处弧度明显。

看点在此

刀刃上有三日月的图纹。

从室町时代便是被誉为"天下五剑"的名刀之一。

内侧刻有铭文。

`国宝` **金地螺钿毛拔形太刀**
平安时代（12 世纪）· 春日大社（奈良）

春日大社供奉的太刀，推测是与春日大社有渊源、由以爱猫闻名的藤原赖长所献。

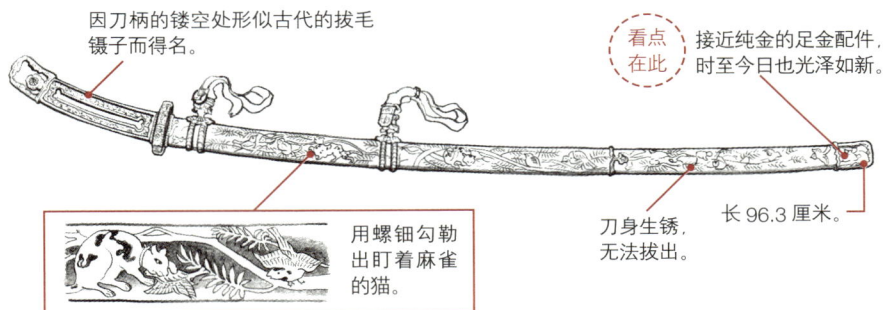

因刀柄的镂空处形似古代的拔毛镊子而得名。

看点在此

接近纯金的足金配件，时至今日也光泽如新。

用螺钿勾勒出盯着麻雀的猫。

刀身生锈，无法拔出。

长 96.3 厘米。

`国宝` **短刀 无铭正宗**（名物庖丁正宗）
镰仓时代（14 世纪）· 德川美术馆（爱知）

14 世纪生活在镰仓的刀工正宗[2]制作的著名短刀，曾为德川家康所有。

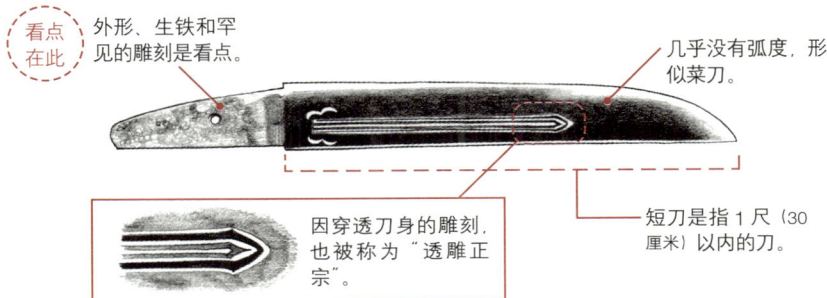

看点在此

外形、生铁和罕见的雕刻是看点。

几乎没有弧度，形似菜刀。

因穿透刀身的雕刻，也被称为"透雕正宗"。

短刀是指 1 尺（30 厘米）以内的刀。

只有从多角度投射光线，才能看清刃上的纹路。在美术馆里观察短刀的外形和表面时也一样，最好试着移动，寻找最佳位置。

①三日月：指月牙。
②正宗：镰仓时代末期到南北朝时代初期的日本刀工，被称为"五郎入道正宗""冈崎正宗"，是日本战刀历史上最著名的人之一。

世上仅存3件，如星空般熠熠生辉的名碗

曜变天目

看点
在此

宇宙般深邃的琉璃色斑纹。迥异的美丽与稀缺性，令人叹为观止。

斑纹周围呈现蓝白色。

外观
所谓曜变天目，是指内侧有大大小小的斑纹，且周围散发着蓝光的茶碗。

碗口下方就是收缩的鍪口。

碗口
嘴部触碰的地方，施有薄釉。

釉
光艳的黑釉如麦芽糖般软糯堆积的样子也很优美。

高台
底座。天目茶碗呈研钵形，底座很小，因此又添加了天目台。

国宝 曜变天目
data
中国·南宋时期（12—13世纪）
静嘉堂文库美术馆（东京）

另外两件也存于日本

曾为德川家康所有

国宝 曜变天目
中国南宋时期（12—13世纪）
藤田美术馆（大阪）

由大德寺的塔头龙光院继承

国宝 曜变天目
中国南宋时期（12—13世纪）
龙光院（京都）

在中国的南宋时代（12—13世纪），福建省建窑烧制的黑釉茶碗中，有些内侧浮现出圆形斑纹，并在光照下呈现出耀眼的琉璃色。这种茶碗被称作曜变天目。蓝色的光辉出现在茶碗烧制过程中，极其罕见。如今为世人所知的曜变茶碗仅有3件。它们目前皆在日本，并被指定为国宝。室町时代，曜变天目是足利将军家收藏的"唐物天目"（中国制造的茶碗）中的翘楚，被视为最有价值的宝物。

几乎与实物大小相同，用手来感受它吧！

当实物放置于眼前，会发现它出人意料的小巧（直径约12厘米，高7.2厘米）。琉璃色斑纹在漆黑的底釉中闪耀，从上方凝视，仿佛会被吸入星空之中。

斑纹如星星〔曜〕般闪烁，因此用"曜"字来替换"窑变"中的"窑"字。

使用建窑最好的胎土。

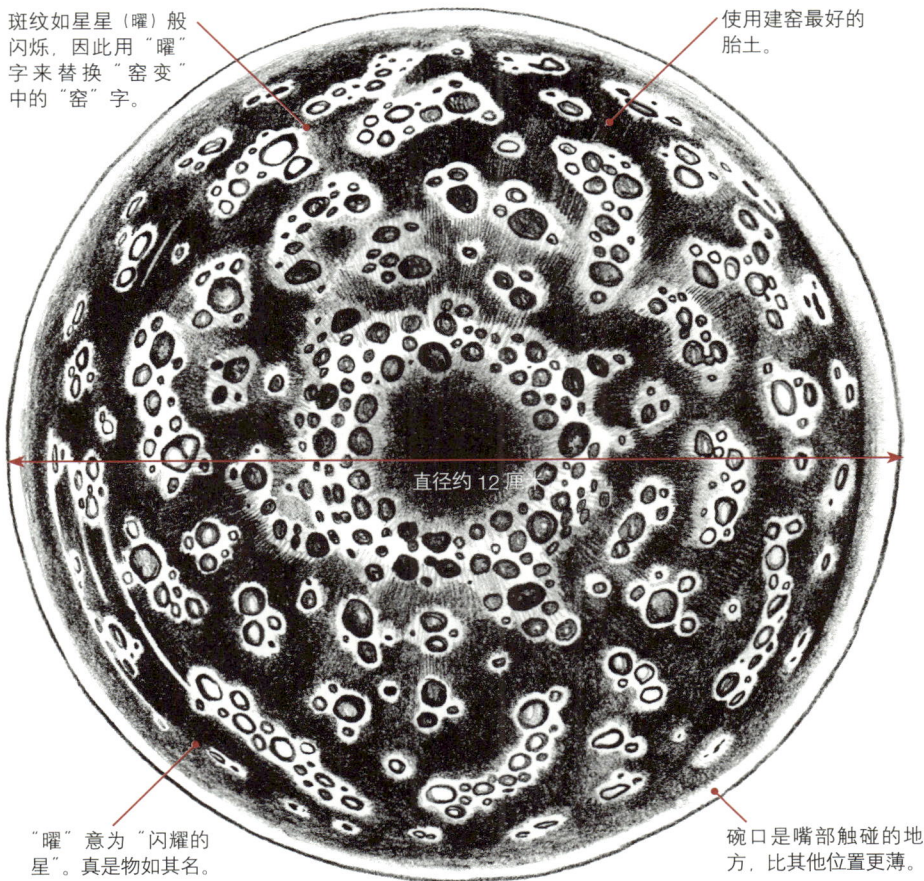

直径约12厘米

"曜"意为"闪耀的星"。真是物如其名。

碗口是嘴部触碰的地方，比其他位置更薄。

爱称"稻叶天目"，名字源于原本的主人春日局。

静嘉堂文库美术馆收藏的曜变天目原本属于德川将军府，是三代将军德川家光下赐给乳母春日局的。春日局是稻叶正成的前妻，茶碗在稻叶家代代相传，因此被称为"稻叶天目"。

在春日局之后，继续在名门中传承。

春日局（1579—1643）

小野家 → 岩崎家 → 静嘉堂文库

横滨的实业家，是稻叶家的姻亲。

三菱财阀的创始者。

岩崎家两代人收集文物并公开展览。

祈祷武运亨通的供品铠甲——俨然艺术品！

赤丝威大铠

data
镰仓时代（14世纪）
春日大社（奈良）

所谓铠（大铠），是指方便骑马对战时射箭使用的甲胄。其特点是既能保护武士全身，又便于武士在马上活动。在平安时代后期，铠作为有效的防护用具兴盛一时，有时还是祈祷武运亨通的供品。春日大社传承至今的赤丝威大铠便是其中之一。它既有能够承受实战的强度，又在大袖上附加了豪华的装饰。由于要献给春日明神，整件甲胄将金属工艺和染色工艺中的技法精华都发挥到了极致。

战争形式不同，铠甲也会变化。

马战是平安时代末期的主要战争形式。甲胄也演变为大铠等人马一体的样式，便于作战。

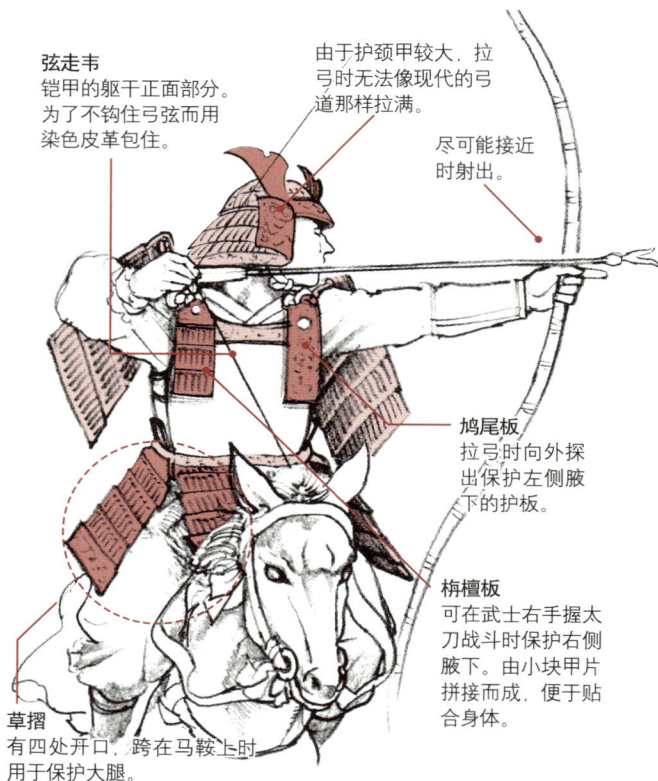

弦走韦
铠甲的躯干正面部分。为了不钩住弓弦而用染色皮革包住。

由于护颈甲较大，拉弓时无法像现代的弓道那样拉满。

尽可能接近时射出。

鸠尾板
拉弓时向外探出保护左侧腋下的护板。

栴檀板
可在武士右手握太刀战斗时保护右侧腋下。由小块甲片拼接而成，便于贴合身体。

草摺
有四处开口，跨在马鞍上时用于保护大腿。

用于供奉的赤丝威大铠约30千克！

大铠的总重量达 29.6 千克，大袖上上众多装饰限制了灵活性。可见它并不是为了实战而制，而是以供奉为前提。

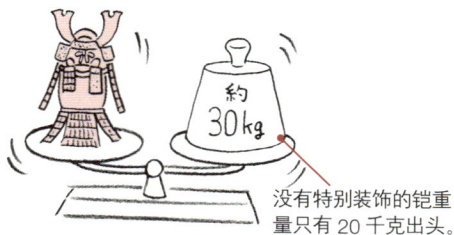

约
30kg

没有特别装饰的铠重量只有 20 千克出头。

鲜艳的红色和耀眼的金色，用豪华的装饰祈祷武运亨通。

大铠因马上对战这一种方式而广为流行，但赤丝威大铠的装饰却繁复到妨碍穿着者行动。铠甲厚重的浮雕加上镂空的金饰，豪华的装饰威压四方。

大锹形
头盔前部附带的金饰之一，两块板像角一样耸立。

麻雀左右皆有，但姿态不同。

左侧护颈甲上可见紫藤和泡桐等象征春季的金饰。

护颈甲
护颈两端向后折的部分。赤丝威大铠左右两侧的护颈甲上都有厚重的金饰。

右侧的护颈甲上可见菊花和地锦等象征秋天的金饰。

护颈

大袖
从铠甲肩部垂下的宽袖，是盾牌的替代品。

共有7层，比以往的大袖多一层。

竹子上可见虎形金饰。

小札
用皮革或铁制成的竖长小板。将它们重叠连在一起，可以达到弯曲延长的效果，也能增加强度。

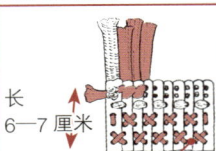

长
6—7厘米

宽 3—4 厘米
穿起铠甲片的丝线至今保留着鲜艳的红色。

菱缝板
位于袖子和草摺等处的板。

一片金饰上可见几只麻雀。每只飞翔的姿态都不同。

甲片上下重叠相连，称为"威"，使用的绳线称为"威毛"。

一套铠甲需要1500—2000甲片。

国宝 赤丝威大铠

据说春日大社传承至今的《赤丝威大铠》为源义经供奉，但因为神社内曾起火导致的混乱，人们已无法得知传承的前后经过。

现存一千余件，献给诸神的美丽织物

古神宝类　熊野速玉大社藏

data
南北朝时代（14世纪）
熊野速玉大社（和歌山）

国宝 插头华
插在头发上的装饰品。奈良时代曾使用鲜花和枝条制作，用于神道仪式后，改用人造花。

用彩色丝线制作，颜色保留至今。

以桃、菊（或梅）、爬山虎等植物的花与枝条为原型。

每种植物有两种造型。

　　日本的神道中有这样的思想："翻新住宅与所持之物，诸神的生命力就会重现繁盛。"基于此制作的尽善尽美的供品，就叫"神宝"。其中，熊野速玉大社拥有现存数量最多的古神宝，包括上千件服装和用品。为了让诸神的生活没有任何不便，贵族们根据自身生活主持制作了各式日常用品，作为供品。例如，公家女性的装束（十二单）就曾被供奉给女神。通常这类服装难以流传到后世，但因作为神宝被秘藏，纤薄的布料才得以完美地传承至今，成为展现当时风俗与审美意识的宝贵资料。

反映贵族审美意识、供奉给诸神的日用品

熊野速玉大社的古神宝类是贵族们为诸神定制的最高级日用品，被认为来自明德元年（1390）的天皇、上皇、室町将军（足利义满）等人。

国宝 萌黄地小葵浮线绫丸文二重织

规格极高的双层织品，穿在表层衣服与单衣之间的衣物，即"袙"。熊野速玉大社共有 18 件袙留存至今。

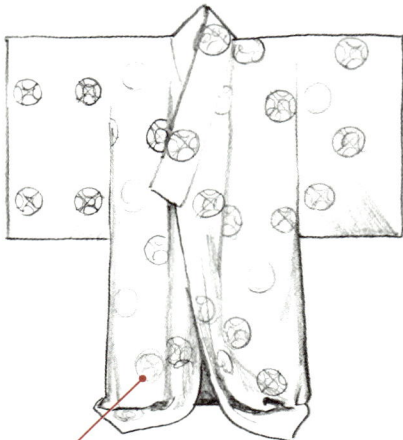

浮线绫文是根据家世在公家服饰和用品上使用的古典花纹之一。其花纹是将圆形内部一分为四，并配以花朵。

国宝 桐莳绘手箱及内装物品

熊野速玉大社保存至今的 11 个手箱之一。每个手箱里的物品都几乎齐全，是了解化妆品历史的宝贵资料。

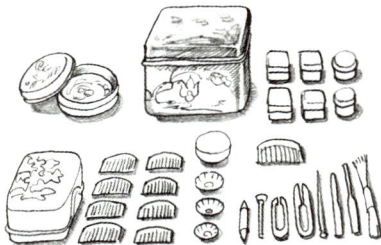

从左上方开始顺时针看，分别是镜子与镜盒、手箱、齿黑盒、白粉盒、挖耳勺、剪刀、笔、梳子和梳子盒等。

国宝 彩绘桧扇

用扁柏制作的扇子。同样的扇子在熊野速玉大社留存有 10 把。

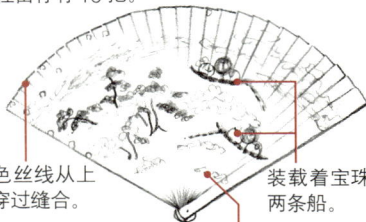

彩色丝线从上端穿过缝合。

装载着宝珠的两条船。

使用了 27 张扁柏的柾目薄板。

正反两面均用金和银装饰。

国宝 玉佩

穿着礼服时别在腰上的装饰。

所有金属部件均为铜制镀金。

用金属丝连接起白、红、蓝、黄、绿、粉等各色玉石。

下端左右各有两块水晶。

行走时垂在脚前的玉佩会碰撞到沓（鞋），发出声响。

※ 天子（天皇）的玉佩戴在腰部两侧。

熊野信仰

熊野速玉大社是位于熊野地区的熊野三社之一。传说诸神就居住在神社四周幽深的大自然中，一直深受上至天皇、贵族，下至平民的崇拜。

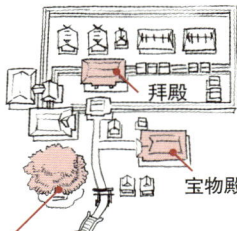

拜殿

宝物殿

神木竹柏
有千年树龄的神木。叶子被视为能够保护旅途安全的辟邪之物。

每年 7 月 14 日的夜晚，熊野速玉大社都会举行扇立祭。人们在神前奉上桧扇，祈祷农业丰收、远离灾病，同时也会展示国宝桧扇的复制品。

豪华绚烂！嫁妆的巅峰

初音莳绘用品

data
江户时代〔宽永 16 年 · 1639 年〕
幸阿弥长重
德川美术馆〔爱知〕

国宝 贝桶

用于"赛贝壳"游戏，是收纳贝壳的容器。在数量众多的用品中规格最高，当中的贝壳如今已遗失。

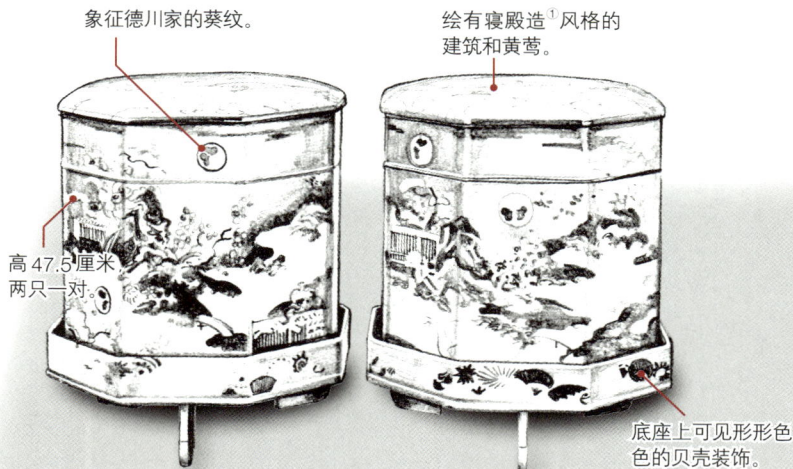

象征德川家的葵纹。

绘有寝殿造[1]风格的建筑和黄莺。

高 47.5 厘米
两只一对

底座上可见形形色色的贝壳装饰。

位于婚礼队伍最前方

嫁妆中最受重视的贝桶，在婚礼队伍中打头阵。

家老或重臣担任"御贝桶渡役"。

桶中收纳"赛贝壳"

文蛤等双壳贝类必须是一对一的，否则无法合上，因此被视为贞操的象征。

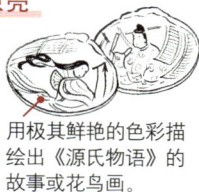

用极其鲜艳的色彩描绘出《源氏物语》的故事或花鸟画。

　　这些都是江户幕府第三代将军德川家光的长女千代姬在 3 岁时嫁入尾张德川家时的嫁妆。制作者为莳绘名门幸阿弥家的第十代传人长重，他在千代姬出生当年便接下此托付，于第三年完成。这些之所以有"初音的用品"这一通称，是因为千代姬全部嫁妆中有 47 件用品的装饰都源于《源氏物语》里的《初音》一帖。《初音》以值得庆贺的第一个孩子（继承人）为题材，非常适合作为嫁妆的主题。确切的制作年代、制作者和持有者的信息也让这些用品得到了更高的评价，堪称代表江户时代的莳绘名品。

①寝殿造：平安时代的贵族住宅样式。

给宠爱的公主准备的豪华莳绘用品

千代姬的婚礼用品中包括了源于《源氏物语》中《初音》一帖的 47 件用品和源于《蝴蝶》一帖的 10 件用品，此外还有染织品和金属工艺品，现存共 70 件，被共同指定为国宝。

国宝 黑棚
装点化妆用品的四层架子。

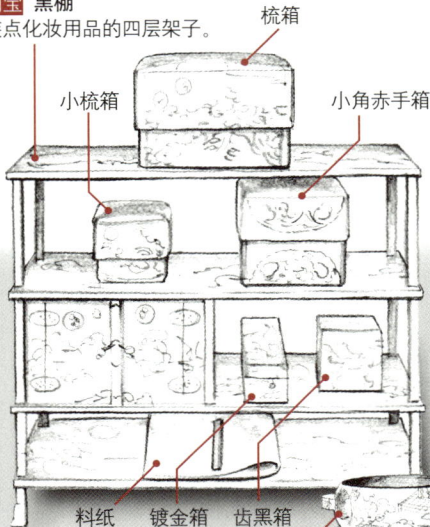

梳箱

小梳箱

小角赤手箱

国宝 文台
放置砚盒和怀纸的四脚矮桌。

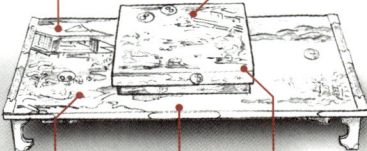

国宝 砚盒
文台和砚盒配套制成，在"初音的用品"中现存两套。

文台表现和歌的下半句。

砚盒的盖子表面是"静待"这一和歌的上半句。

料纸　镀金箱　齿黑箱

国宝 耳盥
化妆时使用的水盆，左右带有把手。

涂抹齿黑时使用。

国宝 轮台
放置耳盥的台子。

用和歌中的文字点缀

以莳绘的方式展现出《源氏物语》中明石姬所咏的和歌文字："静待春秌经岁月，今朝盼听早莺声。"

"天下难换的公主"千代姬

对于家光来说，千代姬是第一个孩子，也是唯一的女儿。千代姬的婚姻意在强化德川宗家与御三家之首尾张家的关系，夯实支配体制。家光称千代姬为"天下难换的公主"，所以在千代姬结婚后，幕府仍持续为她提供生活资金。

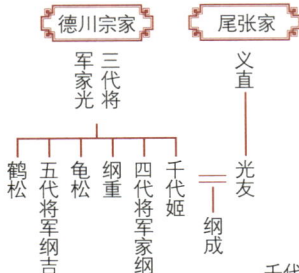

德川宗家　尾张家

三代将军家光　义直

鹤松　五代将军纲吉　龟松　纲重　四代将军家纲　千代姬　光友　纲成

千代姬
（1637—1698）

🔍 千代姬从出生并成长的江户城西之丸嫁入了尾张家鼠穴屋敷（现在的皇居内西北部），但其实两者都位于江户城内，仅相距数百米。

仅存 5 件的国宝
日本陶瓷

　　目前，被指定为国宝的陶瓷器共有 14 件，其中别国制作的占了大半，数量最多的是中国陶瓷，有 8 件，还有 1 件高丽茶碗。这 14 件国宝中，日本制陶瓷只有 5 件，既有本阿弥光悦、野野村仁清等制作者明确的作品，也有像《志野茶碗 铭 卯花墙》那样，不知出自何人之手，却因其独具个性的造型获得极高评价的名品，且成为桃山时代陶瓷器的代表。

　　让我们来逐一探究它们的精妙之处。

国宝 志野茶碗 铭 卯花墙

志野烧是美浓烧的一种，先在白底上描绘各种图纹，是最早的陶瓷器。本茶碗正是志野烧的代表杰作，原本属于江户的富商东木家，后经大阪的山田家之手，传至京都的室町三井家。

看点在此

桃山时代的代表作，这一时期出现了许多富有个性的陶瓷器。

在转盘上成型后，使用刮刀削出形状，再从前后同时施力使其扭曲。

略带红色的白釉让人感受到暖意。

略小的半筒形握起来手感舒适。

篱笆状的图纹

铁绘①的纹样和器皿本身的洁白底色构成形似溲疏花的篱笆。

溲疏花是虎耳草科的落叶灌木溲疏的花，盛开时宛如积雪。

data
桃山时代（16—17 世纪）
三井纪念美术馆（东京）

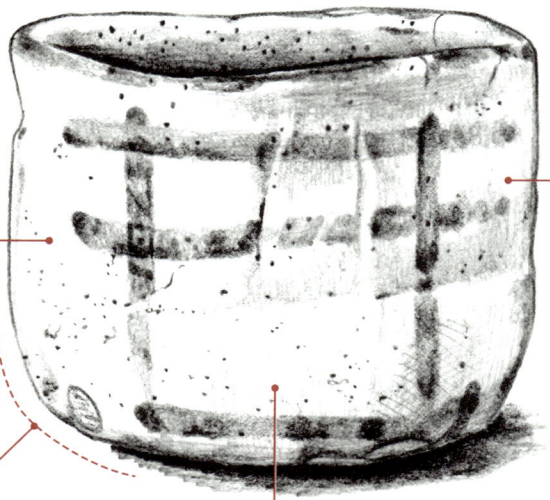

---

①铁绘：陶艺技法之一，使用含有氧化铁的颜料在陶瓷器上绘制纹样。

国宝 白乐茶碗 铭 不二山

茶碗由活跃于桃山、江户时代的艺术家本阿弥光悦亲手制作，刻有不二山的铭文。作者的亲笔题字和印章保留至今，奠定了光悦作为日本第一个独立制陶家的地位。仅这一点也可说明这件作品的珍贵。

看点在此 光悦亲自刻下铭文并留下题字。

本阿弥光悦
（1558—1637）

让人联想到山顶积雪的富士山。

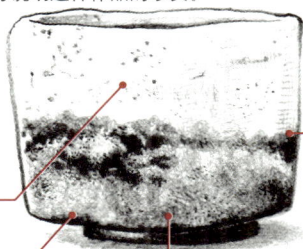

- 整体施以白釉，上半部分呈乳白色。
- 下半部分是碳化的黑褐色。

杯身上署有 "不二山 大虚菴" 之名，并盖有印章。

厚重的半筒形茶碗，左右对称，造型安定。

data
江户时代（17 世纪）
本阿弥光悦
SUNRITZ 服部美术馆（长野）

国宝 色绘藤花文茶壶

作者是江户时代初期的陶工、京烧之祖——野野村仁清。他制作了许多采用绘画技法进行装饰的色绘陶瓷器，这件绘有盛开藤花的茶壶正是其中翘楚。

看点在此

以出色的转盘技术制成壶壁轻薄且匀称的大茶壶。

data
江户时代（17 世纪）
野野村仁清
MOA 美术馆（静冈）

细腻的笔法描绘出了每一朵小藤花的边缘。

国宝 秋草文壶

据传为平安时代末期爱知县的沃美窑烧制。绘有芒草和柳树等植物，被称为秋草文壶。

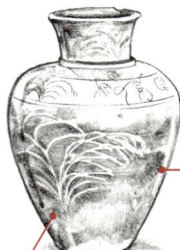

看点在此

中世陶瓷器中唯一的国宝。

将绳状黏土卷起成形。

data
平安时代末期（12 世纪）
庆应义塾（神奈川）

用线条刻画出芒草、柳树和蜻蜓等。

国宝 色绘雉香炉

与色绘藤花文茶壶一样，同为野野村仁清的作品。蹲坐的野鸡与实物大小几乎相同，紧绷的尾部展现出紧张感。

看点在此

色彩鲜艳，造型充满紧张感。

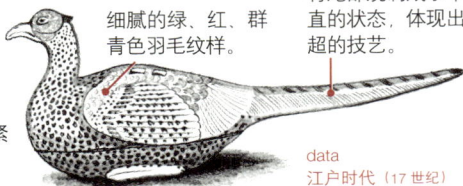

细腻的绿、红、群青色羽毛纹样。

将尾部烧制成水平伸直的状态，体现出高超的技艺。

data
江户时代（17 世纪）
石川县立美术馆（石川）

虽说不分伯仲……

重要文化财

回身整理羽毛的雌鸡香炉，同为仁清所作，当初应该是一对作品，但先被收藏的雄鸡是国宝，雌鸡则是重要文化财。

🔍 野野村仁清的色绘藤花文茶壶和色绘雉香炉分别在 MOA 美术馆和石川县立美术馆常年展出。两件作品皆有专用的展示空间，均为所在美术馆的代表作。

陶瓷器的鉴赏方法

了解制作过程，才能发现不同

【土器】

土器是人类制作出的最早的陶器。强度低，容易损坏，但价格低廉，制作简单。

原料·外观：土·土色
时代：始于绳文时代
敲击音：浑浊
吸水性：最强
用途：耐火，用于烹饪
范例：绳文土器、弥生土器等

用700—800摄氏度烧制。在没有窑炉的时代，直接在平地上荒烧。

用1200—1300摄氏度的窑炉高温烧制。

【炻器】

烧制得较为坚硬。不上釉，但也有石灰溶解形成的天然釉。

原料·外观：土·灰黑色且坚硬
时代：古坟时代以后
敲击音：清晰
吸水性：弱
用途：种类丰富，包括壶、碗、杯等
范例：须惠器、常滑烧、备前烧等

揉泥

使用前，将原料土充分按压并糅合。

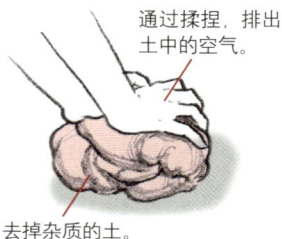

通过揉捏，排出土中的空气。

去掉杂质的土。

塑形

除了使用转盘之外，还有多种方法，例如绳结制作法，用手指拉长土坯并搓绳状，再将绳状黏土排列起来，成形后，让它充分干燥。

大壶是通过绳结制作法成形的。

借助转盘旋转产生的离心力来塑形。

瓷器生产的开始

1610—1620 年，佐贺县有田市的
人们开始制作瓷器。

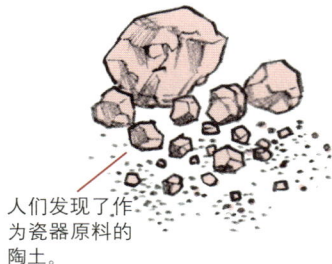

釉料一般
用玻璃质
材料。

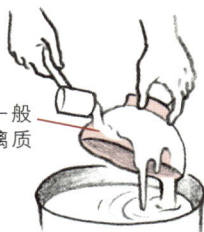

上釉

上釉后烧制，器皿表面会形
成一层玻璃质膜，有光泽，
也不易沾染污渍和气味。（即
使在上釉前已经绘制了图案，也
有一样的效果。）

人们发现了作
为瓷器原料的
陶土。

用 1100—1200 摄氏度
烧制。

用 1300—1400 摄氏度
烧制。

【瓷器】

轻薄而坚固，由于以陶土为原料，也被称为
"石物"①。

原料·外观：陶土·表面光滑
时代：江户时代初期以后
敲击音：清透，可发出"叮"的高音
吸水性：无，清洗后擦拭即可
用途：不易沾染气味和污渍，用作日常餐
具最合适
范例：伊万里烧（有田烧）、锅岛烧等

【陶器】

比土器坚固，比炻器柔软，外观上也可感受
到土的温暖。

原料·外观：土·厚重
时代：平安时代以后（也有用低温熔化釉的低
温釉陶，如飞鸟时代的绿釉、奈良时代的三彩等）
敲击音：浑浊
吸水性：具备一定程度的吸水性
用途：保温性能优越，适于盛放热的汤汁
范例：濑户烧、乐烧、京烧等

在中国和朝鲜，出现了结实的瓷器后，陶器就基本消失了。但在日本，两者同时受到人们的喜爱。

①陶土的日语为"陶石"，因此有"石物"之称。

第 2 章

绘画

绚烂华丽的平安时代佛教绘画、让房间优美
生辉的屏风画、将人们引向物语世界的绘卷、
以人物为原型的肖像画……在数量可观的绘
画国宝中，我们精选了所谓"名作中的名作"
进行解读。

高松塚美人是侍奉墓主的侍女

高松塚古坟的壁画是画在涂过灰浆的墙壁上的。先临摹草图，用淡墨描边，上色后再用浓墨勾线。

1972 年的发掘使石室内的壁画重见天日，同时也发现了镰仓时代初期的盗墓痕迹。

名为"如意"的棒状物，前端弯曲，即所谓的痒痒挠。

大小基本能收进一张 A3 纸里。

约 38 厘米。

团扇上用来遮挡贵人面部的圆形阴影。

服装与高句丽的古坟壁画相似，两者都热衷吸取当时东亚最先进的唐文化。

发辫在脑后束起，前端上翘，发型十分独特。

十分狭窄的石室

高约 1.1 米

宽约 1 米

由于非常狭窄，修理石室需要将其取出。

在内衣外，穿着上衣，腰部系着带子。

卷起古代史热潮的全彩飞鸟美人
高松塚古坟壁画

data
飞鸟时代（8 世纪初期）
文部科学省

　　1972 年 3 月，奈良县明日香村的高松塚古坟出土了全彩壁画，成为轰动社会的话题。在此之前，说到日本的古坟装饰，只有绘有简单几何图案的原始壁画为人所知。绘有颜色鲜艳的男女群像的高松塚古坟是日本国内发现的首个真正的坟墓壁画。中国和朝鲜半岛也有类似的描绘人物和四神（青龙、白虎、朱雀、玄武）的墓葬壁画，高松塚古坟壁画应是受此影响而成。从古代史的角度看，这一壁画也属于珍贵的绘画资料。

用红线描绘的星宿图。星宿是中国古
代划分的星区，共有"二十八宿"。

出土了 7 世纪末至 8 世纪
初的土器，推定为飞鸟时
代后期制作。

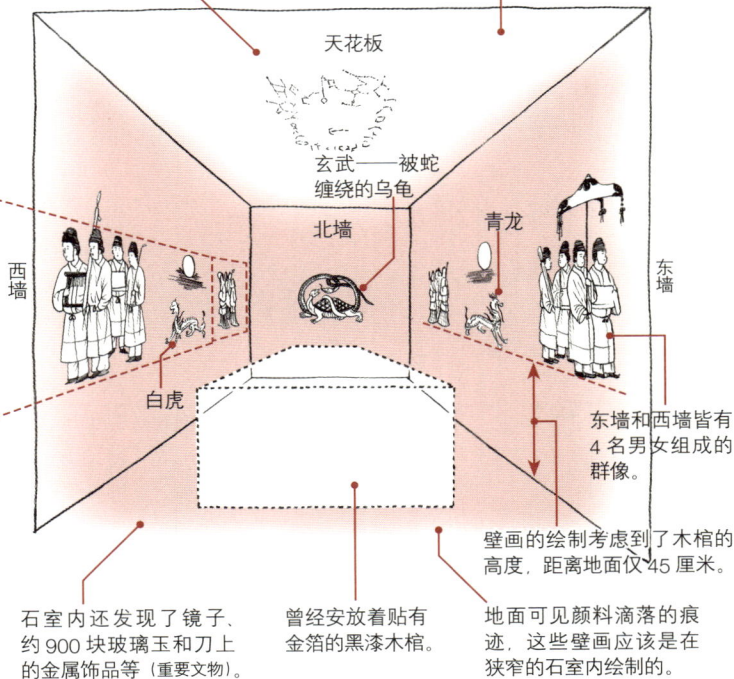

天花板

玄武——被蛇
缠绕的乌龟

北墙

青龙

西墙

东墙

白虎

东墙和西墙皆有
4 名男女组成的
群像。

壁画的绘制考虑到了木棺的
高度，距离地面仅 45 厘米。

石室内还发现了镜子、
约 900 块玻璃玉和刀上
的金属饰品等（重要文物）。

曾经安放着贴有
金箔的黑漆木棺。

地面可见颜料滴落的痕
迹，这些壁画应该是在
狭窄的石室内绘制的。

"圣线"能引导我们找到墓主人？

从藤原京向正南方延伸的
"圣线"上坐落着不少重要古
坟，高松塚古坟也是其中之
一，有说法认为这里安葬的
是天武天皇的一位皇子。

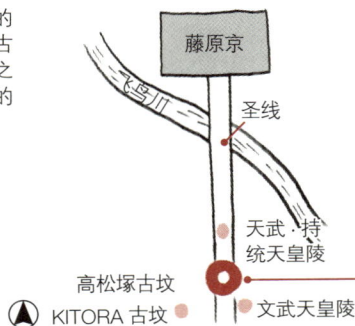

藤原京

飞鸟川

圣线

天武·持
统天皇陵

高松塚古坟

KITORA 古坟

文武天皇陵

高松塚古坟曾被认为
是文武天皇陵。如今，
人们认为其中安葬的
可能是高市皇子或忍
壁皇子。

1962 年，明日香村
的居民在挖准备用
于储存生姜的洞时
挖出了古坟，后来
又发现了壁画。

高松塚古坟位于飞鸟历史公园内。为了保存，人们解体了石室，取出壁画存放于维护设施中。建在古坟所在地的高松塚壁
画馆里设有石室模型，可以了解到古坟内部的样子。

平安时代佛教绘画的巅峰

佛涅槃图

data
平安时代〔应德 3 年·1086 年〕
金刚峰寺〔和歌山〕

　　佛涅槃图描绘了佛教始祖释迦牟尼结束 80 年生命时的场景。在日本的佛教寺院中，每到释迦圆寂的 2 月 15 日，都会举行名为"涅槃会"的法会，悬挂这样的佛画。高野山金刚峰寺的《佛涅槃图》也是为这一仪式绘制的，优美的线条与以中间色为主体的细腻的色彩运用方法展现出高雅的审美，是平安时代佛教绘画的代表作。

国宝 《佛涅槃图》

释迦的衣服上施有纤细的截金（将金箔或银箔切成细长线状进行粘贴的装饰技法）纹样。

3 米 ×3 米的大画面。

看点
在此
日本现存最古老的佛涅槃图。

摩耶夫人

沙罗双树

菩萨众
肤白、用墨线勾出轮廓的菩萨。

肤色略黄、轮廓线呈红色的菩萨。

不同肤色的菩萨交替排列，平衡感很好。

佛弟子　狮子

明确记载了绘制时间"应德三年四月七日"，因此也被称为"应德涅槃"。

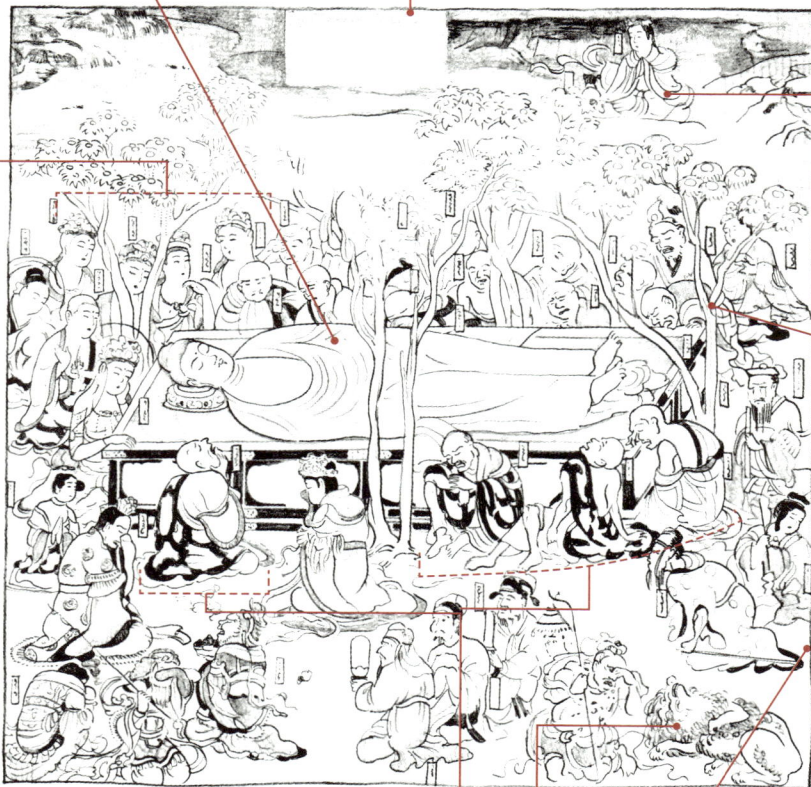

48

涅槃图的常见要素

释迦牟尼的一生中最重要的八件事被称为"八相"。描绘圆寂场面的涅槃图就是其中之一。

菩萨众
环绕在释迦牟尼的头部附近，明白释迦牟尼的圆寂不过是肉身的消逝，因此表情安详。

摩耶夫人
乘着云朵奔来的释迦牟尼的母亲。

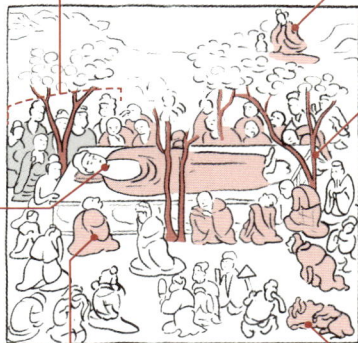

沙罗双树
同根而生，在东西南北四个方向上各有两棵。

通过佛像解读
释迦牟尼的一生

诞生佛
从母亲的右侧腋下诞生后开始行走。

29 岁出家

出山释迦像
修行中的释迦牟尼，艰苦的修行已经结束，但并未开悟，于是下山。

35 岁成道
开悟

释迦如来像
业已开悟的释迦之姿。

80 岁在库西那拉（印度西部）圆寂

从生死不断重复的轮回中获得最终的解脱，称为"涅槃"。

佛弟子
聚集在释迦牟尼的身畔，由于尚未充分理解涅槃的含义，纷纷悲叹不已。

动物们
涅槃图中也详细描画了动物们悲鸣的样子。这里只有狮子，但在镰仓时代之后，种类渐多。

用蔬菜
替换菩萨

代替释迦牟尼横躺在地的是分成两叉的白萝卜。据说，画家伊藤若冲为了祈祷去世的母亲和弟弟能够成佛，同时也祈祷自家经营的蔬菜批发店生意兴隆，绘制了这幅画。

摩耶夫人变身圆形水果。

8 棵沙罗双树变成玉米。

释迦牟尼是放在篮子上的白萝卜。

蔬菜们形态悲伤。

重要文物 《果蔬涅槃图》
伊藤若冲绘·江户时代
京都国立博物馆（京都）

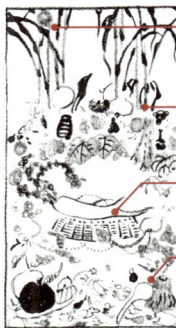

人们在昭和时代对《佛涅槃图》进行修复时发现了草稿线，得知释迦牟尼脸部的角度曾经做过多次调整，反映出绘画者的用心。

用色彩和构图表达
登场人物的心情
源氏物语绘卷

data
平安时代（12世纪前半）
德川美术馆（爱知）、五岛美术馆（东京）等

有关紫式部所著《源氏物语》的画作有很多，其中现存最古老的就是这部绘于12世纪前半叶的绘卷。绘卷的规模曾经达到10卷，以不断描绘各个场景的形式，将全部内容（54帖）包含在内。特别值得一提的是，人物的配置和小道具的使用，让观者可以通过画面体会登场人物的心情。绘卷的绘制基于作者对物语的深刻理解，这一点也赢得了后世的极高评价。作者身份至今尚不明确，很可能是在白河院、鸟羽院院政①期间由院及女院们绘制。

什么是《源氏物语》？

长篇小说，描写了平安时代的贵公子光源氏荣华与苦恼的一生，以及他的子孙们跨越70年的故事。共有54帖。给后世的日本文学带来巨大影响，被视作物语文学的最高峰。

(1) 桐壶 (2) 帚木 (3) 空蝉 (4) 夕颜 (5) 若紫 (6) 末摘花 (7) 红叶贺 (8) 花宴 (9) 葵 (10) 贤木 (11) 花散里 (12) 须磨 (13) 明石 (14) 澪标 (15) 蓬生 (16) 关屋 (17) 绘合 (18) 松风 (19) 薄云 (20) 朝颜 (21) 少女 (22) 玉鬘 (23) 初音 (24) 蝴蝶 (25) 萤 (26) 常夏 (27) 篝火 (28) 野分 (29) 行幸 (30) 藤袴 (31) 真木柱 (32) 梅枝 (33) 藤里叶 (34) 若菜上 (35) 若菜下 (36) 柏木 (37) 横笛 (38) 铃虫 (39) 夕雾 (40) 御法 (41) 幻（之后光源氏的儿子薰成为故事中心）(42) 匂宫 (43) 红梅 (44) 竹河 (45) 桥姬 (46) 椎本 (47) 总角 (48) 早蕨 (49) 宿木 (50) 东屋 (51) 浮舟 (52) 蜻蛉 (53) 手习 (54) 梦浮桥
* 其中大约20帖保留至今

看点
在此
混乱的构图正是登场人物的心情写照

几帐（隔开空间的屏风等）与榻榻米的线条纵横交错。

移动几帐活动身体的人物。

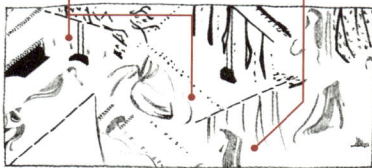

平安美人的"直眼勾鼻"画法

眼睛用极细线条重复描画。

云居雁的表情看起来既嫉妒，又愤怒。

"く"形鼻子（钩状）

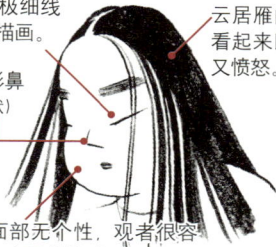

由于面部无个性，观者很容易植入自己的情感。

①院政：指日本历史上天皇在让位后以上皇或法皇的身份处理国政。下文的"院"即指上皇或法皇，"女院"则是对天皇母亲和内亲王等人的尊称。

描绘平安时代贵族们的恋爱、不伦与悲惨结局的场面

《源氏物语》描写了光源氏与许多女性的恋爱故事，也描写了登场人物因无疾而终的恋爱与嫉妒的负面情绪而痛苦不堪的模样，为故事增加了深度。

国宝 《源氏物语绘卷》柏木（一）
12 世纪前半，德川美术馆

【故事】与柏木私通的女三宫（光源氏的妻子）生下了儿子薰，罪恶感让她哭诉着想要出家。

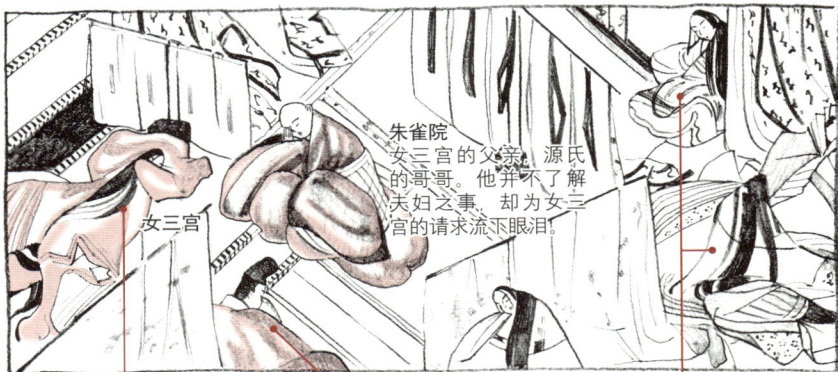

朱雀院
女三宫的父亲，源氏的哥哥。他并不了解夫妇之事，却为女三宫的请求流下眼泪。

女三宫

因为要出家而即将被剃掉的头发被描绘得格外优美绵长。

光源氏
48 岁左右。并未泄露女三宫的不贞。

位于几帐背后的女官们（侍女）。因朱雀院来访而身着正装。

国宝 《源氏物语绘卷》夕雾
12 世纪前半，五岛美术馆

【故事】云居雁认定丈夫夕雾（光源氏的长子）读的信是情人寄来的，试图从背后抢夺，这是一出平安时代的家庭悬疑剧。

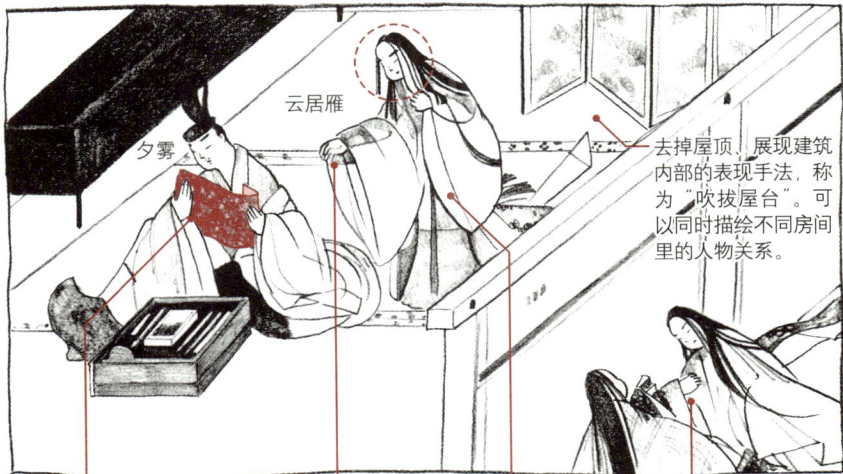

云居雁

夕雾

去掉屋顶，展现建筑内部的表现手法，称为"吹拔屋台"。可以同时描绘不同房间里的人物关系。

信并不是夕雾恋慕的人所寄，而是他母亲写的。

起身准备从背后夺信。

云居雁一直坐在里侧，这是超出常理的姿势。

一直侧耳倾听的女官们，给夫妇两人的言行带去了紧迫感。

🔍 收藏《源氏物语绘卷》的德川美术馆（爱知）和五岛美术馆（东京）一般会分别在 11 月下旬和日本的黄金周（4 月底到 5 月初的法定假期）前后公开展出绘卷，为期约一周。

祈盼荣华，极尽奢侈，装饰经的最高杰作

平家纳经

data
平安时代（长宽 2 年·1164 年）
严岛神社（广岛）

以平清盛为首，由平氏一门一人一卷抄写的装饰经。当时，清盛在保元·平治之乱中获胜，势力大增。为了求得平氏一门的加倍繁荣，他主持制作了极尽奢华的装饰经，在用金箔、银箔和绘画装饰的纸上抄写经文。将经文供奉至安芸的严岛神社后，清盛位至太政大臣，其女儿德子的儿子即位为安德天皇，平氏一门的繁荣达到顶峰。经文展现出他们虔诚的信仰与高雅的审美，全套 33 卷无一缺失，传承至今，极为珍贵。

各卷的制作

阅读卷轴需要手握左右两端，从右向左展开阅读。平家纳经各卷长短不一，提婆达多品（下图）长 255.1 厘米。

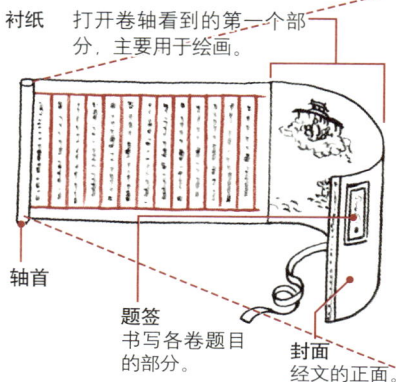

衬纸　打开卷轴看到的第一个部分，主要用于绘画。

轴首

题签
书写各卷题目的部分。

封面
经文的正面。

看点在此

全套 33 卷豪华装饰经保存至今

《平家纳经》一套一共 33 卷，收藏在经箱中，包括清盛亲笔抄写的《法华经》28 品，以及《无量义经》《观普贤经》《阿弥陀经》和《绀纸金字般若心经》。

※《法华经》的各卷称为"品"。

金银五金装饰的三层铜制经箱。铜的表面染上了黑色，形成黑与金、银的呼应。

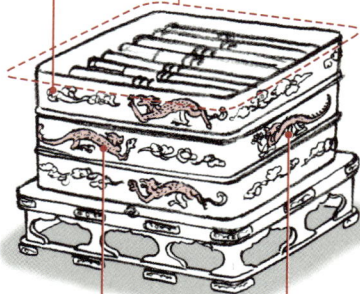

箱盖四角为云气纹。

双龙造型的圆纹。

捧着宝珠的龙。整个经箱展现了提婆达多品（下页）的场景。

倡导女人成佛的《提婆达多品》

在普遍认为女性难以成佛的平安时代，女性贵族们格外热衷于信仰提出女人能够成佛的《法华经》。其中讲述龙女成佛的《提婆达多品》受到高度重视。

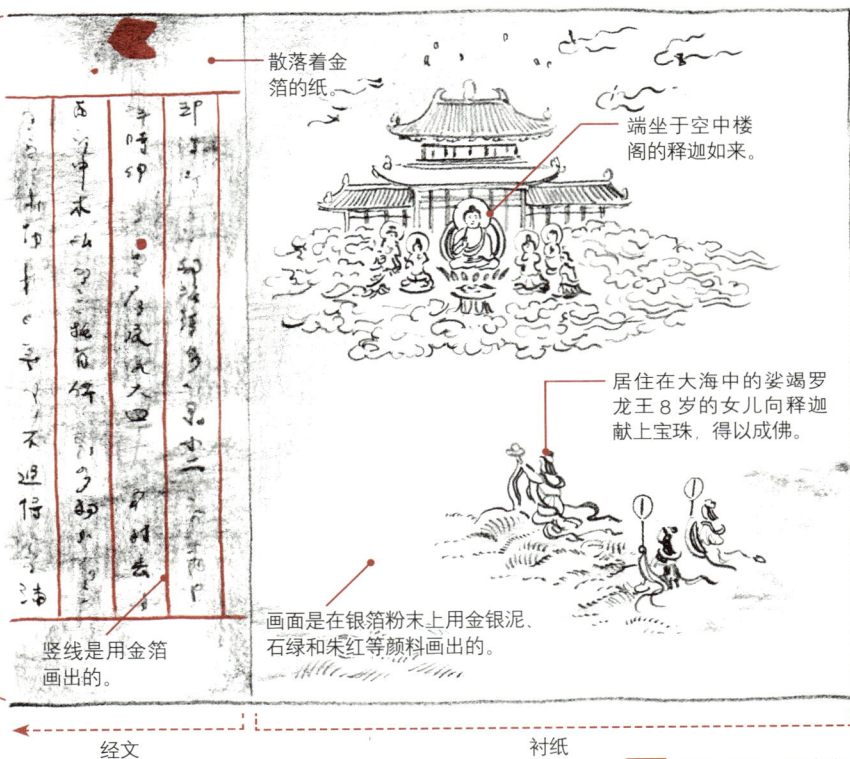

散落着金箔的纸。

端坐于空中楼阁的释迦如来。

居住在大海中的娑竭罗龙王 8 岁的女儿向释迦献上宝珠，得以成佛。

画面是在银箔粉末上用金银泥、石绿和朱红等颜料画出的。

竖线是用金箔画出的。

经文　　　　　衬纸

国宝《平家纳经·提婆达多品》

连题签的装饰都奢华至极

《平家纳经》每一卷都饰有华丽夺目的镀银文字，但提婆达多品的精美程度堪称其中之最。

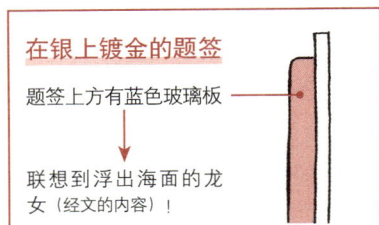

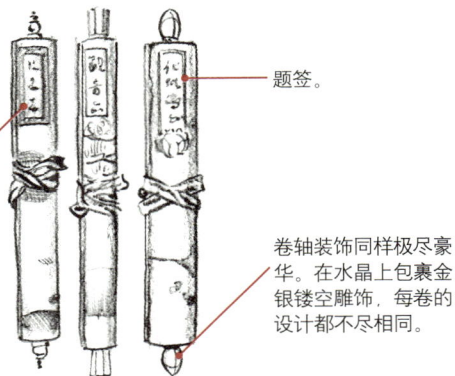

在银上镀金的题签

题签上方有蓝色玻璃板

↓

联想到浮出海面的龙女（经文的内容）！

题签。

卷轴装饰同样极尽豪华。在水晶上包裹金银镂空雕饰，每卷的设计都不尽相同。

清盛供奉《平家纳经》不仅是为了平家一门的繁荣，更是为了护佑国家稳定，祈祷来世能前往极乐世界。其中可见"即使前往极乐净土中的下等净土也可接受"的内容。

生动的平安时代绘卷，动物的笑声仿佛传至耳边

鸟兽人物戏画

data
甲·乙卷：平安时代（12世纪）
丙·丁卷：镰仓时代（13世纪）

　　《鸟兽人物戏画》因形似人类的动物们的玩耍场面而闻名，由甲、乙、丙、丁四卷组成，绘制年代从平安时代跨越到镰仓时代。其中最广为人知的是，拟人化的蛙兔玩耍的甲卷，但其他各卷也各有精彩看点。乙卷以图鉴的形式描绘了动物本来的生活状态，丙卷中同时有人类和动物出现，丁卷中只有以滑稽方式表现的正在玩乐的人类。尽管绘制者的身份和绘制目的至今不明，但动物们生动欢乐的模样一直感染着观者的内心。

不涂颜色、仅用墨线勾画的白描画，也没有描述内容的文字。

捧腹大笑的蛙。

在同一画面中描绘出一连串的动作，表现出时间的推进，这样的画法称为"异时同图法"。

东拼西凑的全4卷

如今共有4卷，但其中包括多处脱落和不顺畅的连接，不同卷中也存在相似的构图。

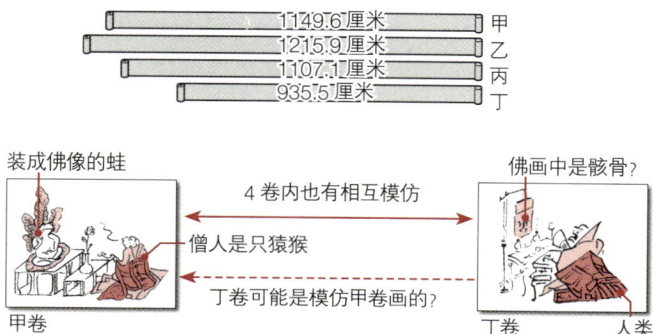

1149.6厘米　甲
1215.9厘米　乙
1107.1厘米　丙
935.5厘米　丁

装成佛像的蛙

4卷内也有相互模仿

佛画中是骸骨？

僧人是只猿猴

丁卷可能是模仿甲卷画的？

甲卷

丁卷

人类

54

从嘴中延伸出的
线象征呐喊？

蛙扔飞了兔子，摆出
气势高涨的姿势。

兔与蛙正在进行
相扑比赛。蛙咬
住了兔耳朵。

看点
在此

流畅的笔法让动物们
显得活灵活现。

国宝《鸟兽人物戏画》甲卷局部

纸的接缝处盖有高山寺的印章，
目的在于确定画作的排列顺序。

模仿宫中举行的相扑节会
(各地的相扑选手在天皇面前进
行相扑比赛)。

各卷主题与笔致皆不相同

甲卷（平安时代末期）	乙卷（平安时代末期）	丙卷（镰仓时代）	丁卷（镰仓时代）

以卓越的表现力幽默地描绘出动物们的玩耍行为，出现的动物共有猿猴、兔、蛙、狐狸等11种。	从熟悉的动物到外国的珍奇动物，再到想象中的灵兽，共有16种动物出现。该卷以图鉴的方式描绘出弱肉强食的世界。	将正反两面的画作揭成两张，连为一体。前半幅为人类，后半幅为动物。	以搞笑漫画的手法描绘出中世平民们狂热的玩耍场面。图中扔石头的动作是一种名为石合战的危险游戏。

🔍 《鸟兽人物戏画》如今寄放在东京国立博物馆和京都国立博物馆中，举办展览时可亲眼看到，但观者众多，若有展出，建议
尽早前往。

用卓越的技巧将异想天开的故事
变成绘卷

信贵山缘起绘卷

data
平安时代（12世纪）
朝护孙子寺（奈良）

　　小小的钵托起米仓，高高飘向天空——《信贵山缘起绘卷》描绘的正是如此异想天开的故事。绘卷绘制于12世纪，描述了与实际存在的信贵山僧人命莲相关的三个奇迹故事。其中的看点在于从贵族到平民的多姿多彩的人物表现，以及流水般铺展开来的画面。那生机勃勃且充满跃动感的场景宛如源自一台无所限制的摄像机，让观者百看不厌。这是一部产生于绘卷创作巅峰时期的平安时代的绘画名作。

富豪家的米仓在钵的作用下飞行。米仓位于空中，因此只能看见一部分。

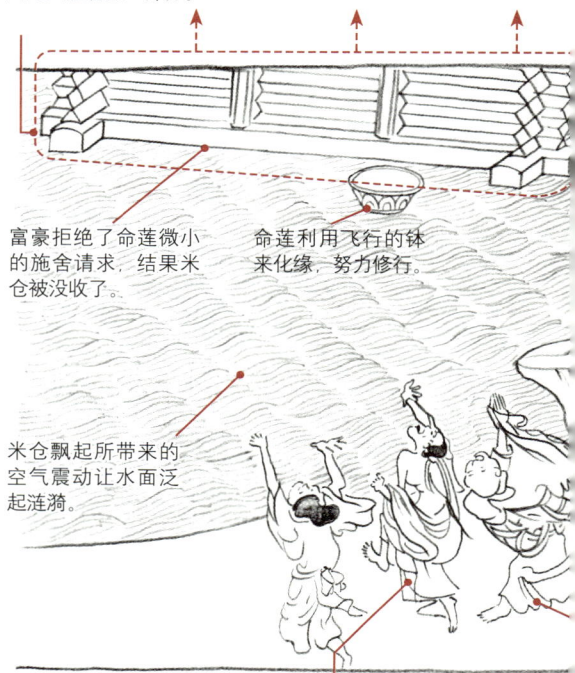

富豪拒绝了命莲微小的施舍请求，结果米仓被没收了。

命莲利用飞行的钵来化缘，努力修行。

米仓飘起所带来的空气震动让水面泛起涟漪。

追赶米仓的人们向天空伸手。

国宝 《信贵山缘起绘卷》

全3卷：描绘法力带来的奇迹

绘卷由3卷组成，全长合计超过35米。如今看起来用色清淡，但当时大量使用了金、银、群青等高级颜料。

山崎长者卷
描绘了命莲的钵所带来的奇迹。

879.8厘米

延喜加持卷
命莲派出飞天童子去给皇帝治病。

1285.4厘米

尼君卷
大佛的启示让兄弟重逢。

1423厘米

骑马追赶米
仓的富豪。

看点
在此 洋溢着速度感的画面宛
如电影！

经常出入富豪家的僧侣不停
念经，但米仓并未返回。

向上突起的木栅栏清晰可见，
似乎是用来防盗的，但米仓
却飞跃而出。

规模感让人难以相
信画卷中的天地之
间仅相距 30 厘米。

绘画的方向与绘卷展开的方向相反

绘卷上的故事一般从右向左展开，但《信贵山缘起绘卷》的绘画方向完全相反，有些场面仿佛突然出
现一般，给观者带来冲击。

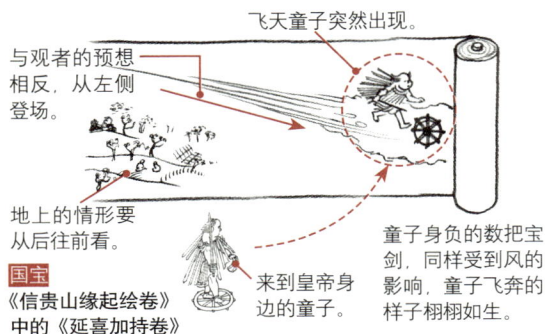

飞天童子突然出现。

与观者的预想
相反，从左侧
登场。

地上的情形要
从后往前看。

国宝
《信贵山缘起绘卷》
中的《延喜加持卷》

来到皇帝身
边的童子。

童子身负的数把宝
剑，同样受到风的
影响，童子飞奔的
样子栩栩如生。

绘卷的欣赏方法 故事从右向
左展开。

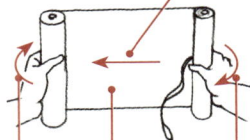

1. 打开的长度
与肩同宽。

2. 看完后用
右手卷起。

命莲用法力让钵飞到了富豪身边，据说这是命莲这样进行山岳修行的密教僧人擅长的秘术。在故事中，命莲得到了米仓，
然后把里面的米包还给了富豪。

57

政府要人竟是纵火犯？
实录！政界连续剧绘卷

伴大纳言绘卷

data
平安时代（12世纪后半）
出光美术馆（东京）

　　贞观8年（866），作为国政中枢部正门的应天门发生火灾。《伴大纳言绘卷》将这一史实的前因后果用绘卷的形式呈现出来，在大约三百年后的平安时代后期完成。绘卷由3卷组成，故事按照应天门起火、发现真凶和逮捕犯人的顺序发展。恰到好处的叙事节奏、让人仿佛置身火场的逼真描写，以及将这一切呈现出来的精准的素描能力，共同构成了作品的魅力。作为平安时代绘卷的代表，这部绘卷得到了后世的极高评价。

国宝 《伴大纳言绘卷》上卷　31.5厘米×839.5厘米
【故事】位于平安京宫中的应天门起火，大纳言伴善男声称是左大臣源信所为。但是，太政大臣藤原良房向清和天皇进言，提出不要草率处分源信。

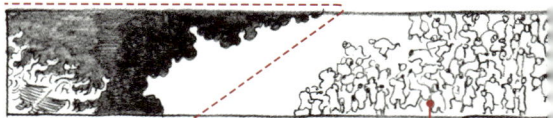

应天门遭人纵火
应天门是相当于当今日本国会的"八省院"的正门。在这里纵火，就等于在国会议事堂门前制造爆炸！

火星四散的下风口

清和天皇

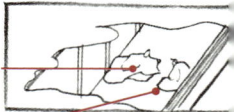

太政大臣藤原良房。也许他就是幕后黑手？！或许是被多人触摸过，颜料脱落严重。

国宝 《伴大纳言绘卷》中卷　31.5厘米×858.7厘米
【故事】源信被认定无罪，事件的发展出现急剧变化。大纳言的家臣与纵火的目击者争论不休，怒火中烧的目击者脱口而出：犯人就是伴善男！

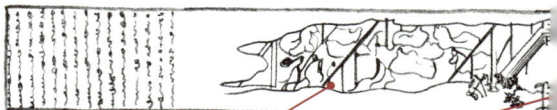

喜于被赦免的女人们。　不断祈祷的源信。

孩子开始打架。

家长带着孩子离开。

被踢飞的孩子。

国宝 《伴大纳言绘卷》下卷　31.5厘米×931.7厘米
【故事】纵火的传闻终于传到了朝廷，目击者接受调查，坦言纵火者就是大纳言伴善男。于是伴善男被带走并遭到流放。

伴善男宅邸。　前去逮捕的检非违使们。

被牛车带走的伴善男。

🔍 绘卷于昭和58年（1983）离开原本的收藏方酒井家，成为出光美术馆的藏品。现在由于保存管理的需要，公开次数十分有限，切勿错过观赏机会。

将政治纪实改编为绘卷。

听闻火灾后奔逃的人们。　　出动的检非违使[1]们。

朱雀门

看起来像是伴善
男的贵人。

在上风处看热闹的人们。

熊熊燃烧的应天门。

这一部分已被切除。
可能描绘了前来告知
赦免消息的使者？

左大臣源信的宅邸正门。

驻足观看打架的人们。

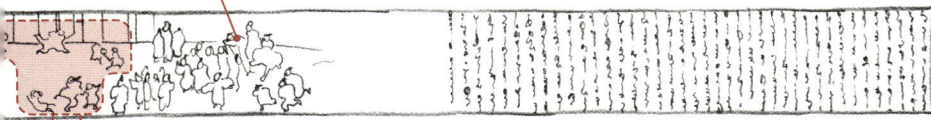

通过孩子打架发现真凶

伴善男的家臣为了保护自己的孩子，踢飞了对方
的孩子，而那个孩子的父亲正是纵火现场的目击
者。愤怒之下，那位父亲说出了一切真相。

被带走的目击者。

接受问讯的目击者。

哭倒在地的女人们。

听取逮捕的公告。

①检非违使：平安时代初期设立的官职，负责平安京的治安和司法类工作。

将未知的地狱化作逼真的画面

地狱草纸

data
平安时代（12世纪后半）
奈良国立博物馆（奈良）

在佛教的观念中，人死后会转世到与自身罪状相应的六个世界，即"六道（天、人、阿修罗、畜生、恶鬼、地狱）中，其中地狱因最受人们关注而常出现在画中。奈良国立博物馆收藏的《地狱草纸》也属于这样的作品，描绘了附属于八大地狱的十六个小地狱的样子。作品以《起世经》为基础，现存有六段字画兼备的，与一段只剩画面的。当时的日本接连发生灾害、饥荒和政变，人们惶惶不可终日。通过表现地狱的样子，便可增加人们对极乐往生的憧憬。

看点在此 用丰富的想象力和笔法
描绘出无人得见的地狱。

描绘了佛教经典《起世经》里讲述的地狱的情形。
这是骗人财物的人堕入的"铁铠所"。

抱着好多人的狱卒
（监管囚犯的下级官员）

用铁臼将
人压烂。

表现深重阴暗的灰暗背景。
狱卒则用明亮的色彩在前景中突出。

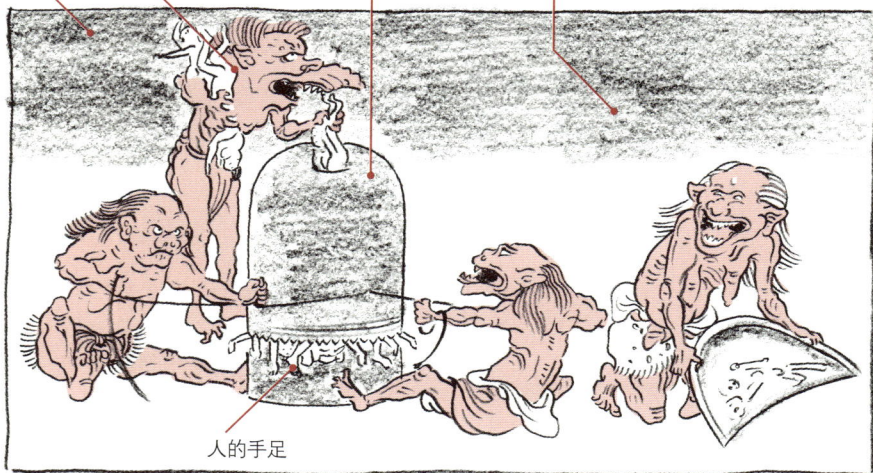

人的手足

国宝 《地狱草纸》铁铠所

地狱是这样的

平安时代的佛教书《往生要集》认为，有八层地狱垂直排列在深深的地下。每层呈现正方形，四边上各有 4 个小地狱，共有 136 个地狱。

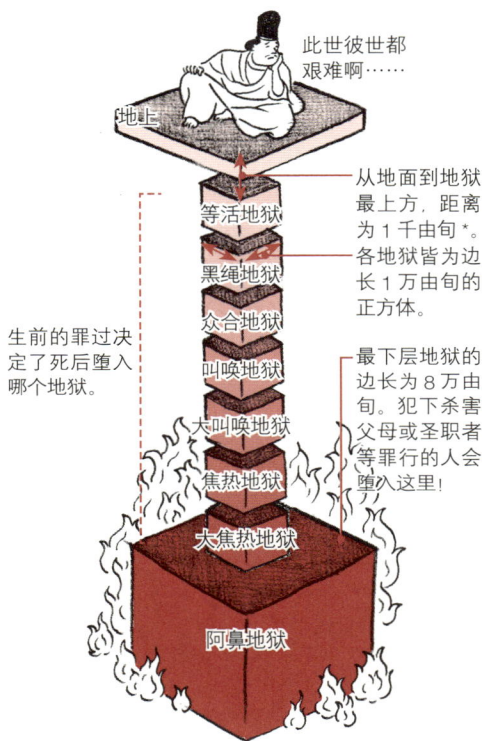

此世彼世都艰难啊……

地上

等活地狱
黑绳地狱
众合地狱
叫唤地狱
大叫唤地狱
焦热地狱
大焦热地狱
阿鼻地狱

从地面到地狱最上方，距离为 1 千由旬*。各地狱皆为边长 1 万由旬的正方体。

生前的罪过决定了死后堕入哪个地狱。

最下层地狱的边长为 8 万由旬。犯下杀害父母或圣职者等罪行的人会堕入这里！

※ 由旬是古代印度的距离单位，1 由旬约等于 14.4 千米。

各层地狱中都有 16 个小地狱

东南西北皆有门。

北门
西门
东门
南门

小地狱。每扇门外各有 4 个，一层共有 16 个。

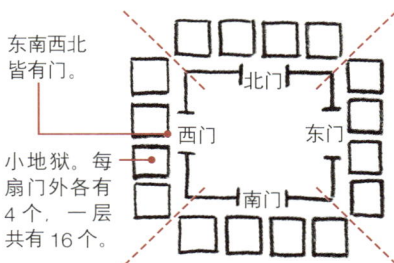

最骇人的小地狱？！

在脓池中被虫子叮咬的"脓血所"。让他人食用不洁之物的人会堕入此处。

铁嘴

最凶猛的虫子与蜂类相似

国宝《地狱草纸》脓血所

《饿鬼草纸》也绘制于同一时代

描绘了名为六道的六个世界中的饿鬼道。与作恶者堕入的地狱相对，饿鬼道是贪婪者堕入的地方。右图描绘了人类施舍水和食物，试图拯救被饥渴所困的饿鬼。饿鬼们依靠些微的水滴续命存活。

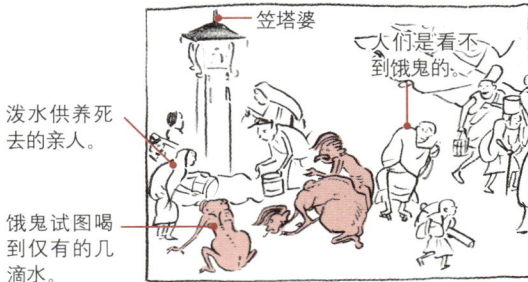

笠塔婆

人们是看不到饿鬼的。

泼水供养死去的亲人。

饿鬼试图喝到仅有的几滴水。

国宝《饿鬼草纸》施饿鬼供养
12 世纪·京都国立博物馆

以六道为主题的绘画称为六道绘。这里列举的《地狱草纸》和《饿鬼草纸》都是平安时代末期绘制的六道绘，据推测与天皇后白河院（1127—1192）有关。

平安时代以疾病为主题的绘卷的代表作

病草纸

data
平安—镰仓时代（12世纪）
京都国立博物馆（京都）

看点
在此
冷眼描绘人们的感情与
彼此的关系。

　　诸如因庸医的治疗而失明的男人、因失眠而痛苦的女人，《病草纸》描绘了苦于各种疾病的人们。作品不仅说明了病情，还生动描绘出病人自身的苦闷与看热闹者的模样。有说法认为，这部绘卷和《地狱草纸》《饿鬼草纸》（P61）一样，都与后白河法皇相关。命人绘制多幅绘卷的后白河法皇将六道绘（天道、人道、饿鬼道、阿修罗道、畜生道、地狱道）收藏于莲华王院的宝藏中，其中《病草纸》便是表现受到疾病侵袭的人道之苦的绘卷。

惶恐窥探屋内
情形的女性。

苦于疾病的皆是市井
男女，在身份高贵的
人看来与己无关。

带着好奇心看热
闹的围观者。

患者眼
睛流血。

医生用针
扎眼球。

江湖郎中，一看
就形迹可疑。

说着"哎呀哎呀"，
一脸笑容端着双角耳
盆的女性。

左右两侧附带长柄
的双角耳盆，用于
漱口洗手。

国宝 《病草纸》眼病治疗

分散在日本各地的21幅

绘卷当初的规模已无法获知。现存有 21 个场景，包括一幅卷轴里的 16 张图与另外的 5 张断片，其中 9 个场景被指定为国宝。

同时描绘周围的人际关系

扑哧发笑的女人们。丝毫看不出人们对病人的怜悯，正是《病草纸》的特征。

眼球痉挛导致手部颤抖，应为脑神经疾病。

下围棋无法顺利落子。

正在煎药。

苦于腹泻和呕吐。

扶着病人额头进行照顾的老妇。

端着似乎是盛放药的碗的女人。

与现代人共通？

a. 在金融业获得成功，却因富裕而肥胖的女人。

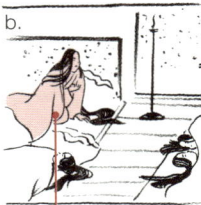

b. "大家都在睡觉，只有我睡不着……"

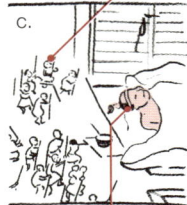

c. 幻觉中的小和尚。

只有昏睡中的男人能看见小和尚。

京都国立博物馆收藏的《病草纸》于平成 28 年（2016）3 月完成修复。该作此前一直装在画框中，但因保存需要，已将每幅画面单独改为卷轴。

慰藉濒死者与照看者的佛画
山越阿弥陀图

看点在此

阿弥陀如来在山后显露出上半身，这是日本的原创主题。

阿弥陀如来
以无限的光（智慧）和生命不断拯救世人的西方极乐净土的教主。

左右各有 3 尊跟随阿弥陀如来的菩萨。

演奏音乐的菩萨

地藏菩萨

势至菩萨

观音菩萨

阿弥陀和菩萨的身体都略微面向侧方，朝向正在走向死亡的人。

阿弥陀的右掌可见小洞被塞住的痕迹

阿弥陀如来一众乘坐的云，从山间流向画面近景。

data
镰仓时代（13 世纪）
京都国立博物馆（京都）

描绘阿弥陀如来将往生者（濒死者）迎至极乐净土的画作被称为来迎图。进入镰仓时代后，日本特有的"山越阿弥陀图"开始出现，即阿弥陀翻过大山露出上半身接引往生者。京都国立博物馆收藏的《山越阿弥陀图》也是其中之一。在阿弥陀的胸部和右手掌可见修复痕迹，因此人们推测这两个位置曾附有五色丝线。濒死者握住丝线的另一端，在逐渐模糊的意识中注视着这幅佛画，离开此世。将描绘阿弥陀一众的耀眼画作放在眼前，那些濒死者们想必安心地走向了人生的终点。

来迎图中的阿弥陀如来随时代发生变化

描绘阿弥陀如来率领菩萨从天而降、将往生者迎至极乐净土的画作被称为来迎图。现存最早的来迎图可追溯至平安时代后期，但阿弥陀的描绘方法在各时代是不同的。

镰仓时代

持续战乱的时代。阿弥陀的姿势和背后的风景透露着现实色彩，反映出世人对前往极乐净土的强烈愿望。

阿弥陀呈站立姿态，身体斜倾。

右掌有小洞被堵住的痕迹。

小洞里是否曾穿过象征阿弥陀和往生者结缘的丝线？

全身涂有金泥，熠熠发光。这样的表现手法称为"皆金色"。

平安时代后期

12 世纪后半的来迎图上，阿弥陀如来呈现正面端坐的姿势。

镰仓时代后期

从镰仓时代后半开始流行的，是强调速度感的来迎图。如下所示，画师开始描绘疾驰而来的阿弥陀。

阿弥陀呈现站姿，从另一个世界疾驰而来。

国宝 《阿弥陀二十五菩萨来迎图（早来迎图）》
14 世纪·知恩院（京都）

曾是临终前的实用物品！

在平安时代中期的天台宗僧人源信所著的《往生要集》中记录了临终时的规矩。

据其所述，人们需要把来迎图的卷轴作品或屏风，抑或是阿弥陀如来像，放在濒死者的身旁，濒死者用心念佛，产生自己即将往生极乐的感觉。

这一点十分重要。平安时代权倾一时的藤原道长也是遵循此规矩，手里紧握五色丝线的一端离世的。

将人带向极乐净土的丝线。在画作上开一个小洞，穿上红、蓝、黄、白、黑的五色丝线。

濒死者会产生强烈的想法："这样佛就能救我了。"

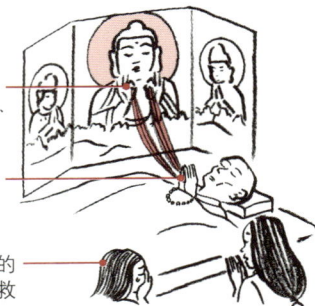

负责看护的人们也相信阿弥陀能带来救济，这点十分重要。

🔍 包括《山越阿弥陀图》和《阿弥陀二十五菩萨来迎图》在内，许多画作都是进入镰仓时代后绘制的。这里列举的两幅作品是镰仓时代佛教绘画的代表。

传源赖朝像

高 143 厘米、宽 112 厘米的整幅丝绸。

看点在此 虽是写实的肖像，但毫无生涩感，气度优雅。

头戴冠冕。

用名为笄的长簪固定冠冕。

脸部长度与真人基本相同。

手持笏① 坐在榻榻米上。

看点在此 肖像几乎等身大！

稳重的等腰三角形构图带来安定感。

浆好的强装束密实严谨，形象鲜明。

国宝 《传源赖朝像》

data
有 13 世纪和 14 世纪两种
法神护寺（京都）

　　这是高雄山神护寺传承至今的三幅肖像画之一。几乎与真人一般大小的人物被描绘在一幅完整的丝绸上，细致入微，容貌威严。过去，这幅画一直被认为是于 13 世纪绘制的源赖朝像，但近年有说法认为，这幅画描绘的其实是足利尊氏的弟弟直义，创作于 14 世纪。这一分歧延续至今，但并不影响它成为一幅技巧卓越的肖像画：均匀的细线勾勒出端正的面孔，肌肤上晕染了一层薄薄的朱红色，营造出细腻的立体感。这是日本肖像画史上最杰出的作品之一。

①笏：日本人穿朝服时右手持握的长板。

为何被称为"肖像画的杰作"

大小与真人相当，但脸部和装饰的描绘极其纤细。作者用均匀的细线捕捉到模特端庄的面庞，全黑的装束上布满了浓墨绘出的纹样。

眼角呈现的细腻表现力

眉毛
一根根小心描出，不同的朝向充满真实感。

眼、鼻
细长冷峻的眼角给人以理智的感觉。肖像画不仅要与模特形似，还要画出人物的气度。

肌肤
轮廓一侧施有极其纤薄的红晕，表现出人物的立体感。

描绘眼球只用了黑色和灰色。

精致的装束

看起来全身皆黑，其实绘有轮无唐草纹。

轮无唐草是四位①以上的人穿着的纹样。

强装束
使用浓浆浆好的装束，从平安时代末期开始流行。

平绪是为了佩戴太刀而系的带子。系好后多出的部分垂在前方作为装饰。

群青色的平绪上使用金泥描绘出桐凤凰的纹样。

模特究竟是谁？

神护寺现存三幅巨大的肖像画，分别绘有源赖朝、平重盛和藤原光能，被视为珍宝。但也有说法认为原型另有他人。真相究竟为何？

从前的定论

根据《神护寺略记》记载，神护寺的仙洞院中曾有后白河法皇、平重盛、源赖朝、藤原光能和藤原业房的肖像画。现在剩下的三幅正源于此，分别为源赖朝、平重盛和藤原光能。

后白河法皇	藤原业房	源赖朝	平重盛	藤原光能

1995 年提出的新论

康永 4 年（1345）的《足利直义愿文》中记载了直义将自己与足利尊氏的肖像画供奉至神护寺一事。因此有人认为存在如下可能：源赖朝像是足利直义，平重盛像是足利尊氏，藤原光能像是足利义诠。

源赖朝（足利直义）	平重盛（足利尊氏）	藤原光能（足利义诠）

每年 5 月上旬的黄金周期间，《传源赖朝像》会在神护寺的虫干法会中对外公开展览，可以在没有玻璃罩的状态下欣赏。

①位：古代日本律令制下的位阶制度将诸王分为十四阶（正一位至从五位下），将诸臣分为三十阶（正一位至少初位下）。

描绘断腕弟子与师父之间紧张关系的画面

慧可断臂图

　　一位名叫神光（后来的慧可）的僧人希望能做禅宗始祖达摩的入门弟子，自断左腕，以表决心。画家雪舟的作品中有 6 幅被评为国宝，其中 5 幅为山水画，本作是唯一的人物画，也因此广为人知。

　　两个人物间的紧张感、表现手臂渗血的一抹红色、以极粗线条勾勒的达摩的衣服、背景中使用中国绘画中"皴"的技法表现出的坑洼岩石……大胆与细致在画面中共存，有趣的构图让作品焕发光彩。从署名可以看出，这是雪舟 77 岁时的创作。

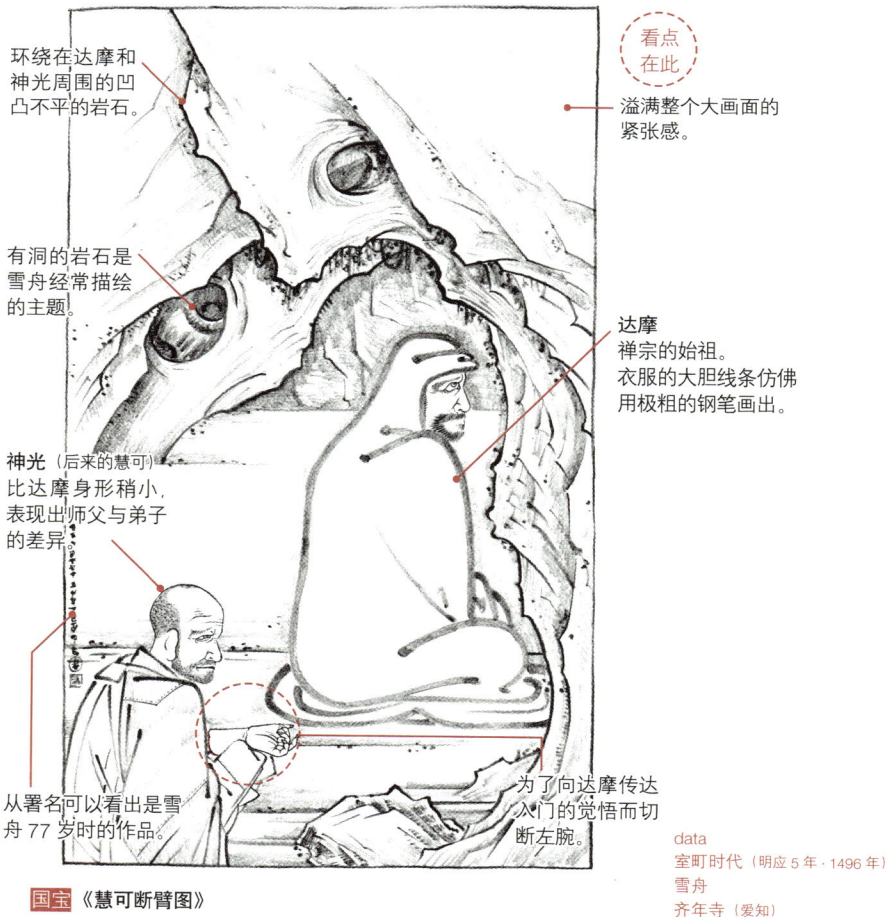

环绕在达摩和神光周围的凹凸不平的岩石。

有洞的岩石是雪舟经常描绘的主题。

看点在此

溢满整个大画面的紧张感。

达摩
禅宗的始祖。
衣服的大胆线条仿佛用极粗的钢笔画出。

神光（后来的慧可）
比达摩身形稍小，表现出师父与弟子的差异。

从署名可以看出是雪舟 77 岁时的作品。

为了向达摩传达入门的觉悟而切断左腕。

data
室町时代（明应 5 年·1496 年）
雪舟
齐年寺（爱知）

国宝 《慧可断臂图》

通过两人的表情区分出立场与心情

坚定无言的达摩

达摩正在中国的少林寺进行面壁九年（面朝墙壁一言不发坐禅九年）的修行。神光请达摩收自己为徒，但达摩对此完全无视。

眉毛延伸下垂到脸颊附近。

面朝岩石，目光始终盯住一点。

模糊的墨线仿佛包裹着衣服，强调出达摩的存在感。

显现出侧脸，但眼睛的样子与正面所见相似，表现出目光的锐利。

面部笔致细腻，衣服的线条则粗壮有力。纤细与大胆的融合也是这幅画的有趣之处。

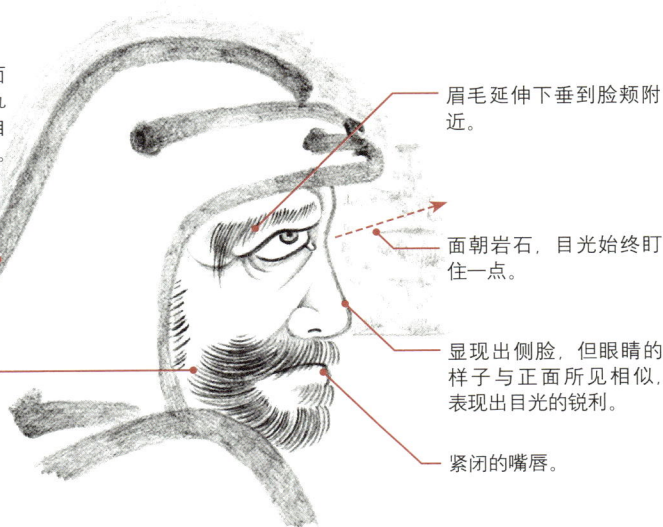

紧闭的嘴唇。

流血恳求的神光

"为了入门为徒，我能做到这一步"，恳求的神光甚至切断了手腕。后来他终于获准进入达摩门下，成为禅宗二祖慧可。

皱起眉头，表情不安。

在此之前，神光曾多次拜访达摩。

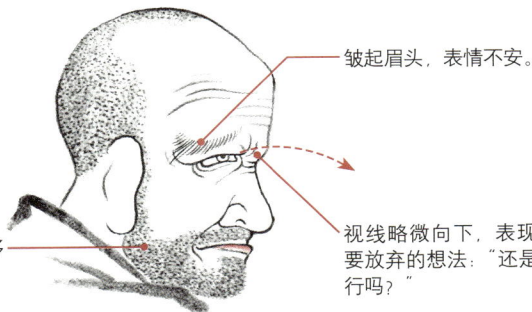

视线略微向下，表现出要放弃的想法："还是不行吗？"

雪舟追求的红色效果

在水墨画中加入墨以外的颜色并不罕见，但本作只在伤口和嘴唇处描以红线，效果醒目。

刚刚切断的鲜活感。

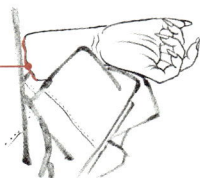

1帖榻榻米大小的大画面

画作本身的尺寸也为画面散发的魄力做出了贡献。

好有魄力！

高 183.8 厘米 × 宽 112.8 厘米。

几乎与达摩真人大小相同！

雪舟是日本首位去到中国的画家。他前往中国时 48 岁。在他 29 年后创作的这幅作品中，雪舟写上了他在中国接受的名誉称号"四明天童第一座"。

狩野派明星画师永德描绘花都的全力之作

洛中洛外图屏风

　　描绘京都内外四季风景与人们日常生活的《洛中洛外图》，是从室町时代绘制到江户时代的风俗画。这一人气主题的画作有 100 余件保存至今，其中包括本作在内的两件，被指定为国宝。这件由狩野永德绘制的屏风，因曾被织田信长赠予上杉谦信而尤其有名。永德年轻时代的作品现存很少，这件作品也因此格外贵重。画中毫无保留地展现了城市的活力与当时人们的日常。

屏风右幅为祇园祭期间热闹的下京

屏风右幅描绘了从御所到东寺之间的洛中地区，以及从比叡山到稻荷山的洛外。画面中央右侧可以看到华丽的祇园祭山鉾巡行。

data
室町时代（永禄 8 年，1565 年）
狩野永德
米泽市上杉博物馆（山形）

祇园祭是夏天举行的祭典。曾因应仁之乱中断，后又恢复。

从金色的云间能看到鉾和町内众人的模样。

函谷鉾
装饰华丽的山鉾在街道上巡行。

白乐天山

鸡鉾

船鉾

画中也描绘了祇园社（八坂神社）、建仁寺和八坂塔等京都名胜。

以飞疾的笔致准确描绘出的人群。

左幅描绘了可以看到花之御所的上京

左幅描绘了从上贺茂神社到一条通之间的洛中地区，以及从鞍马寺到西芳寺之间的洛外。这片区域中，武将宅邸格外醒目，有包括人称"花之御所"的足利将军邸和幕府管领细川的家宅等。

鉴赏时要让两幅画相对？

将屏风相对而立，在其间观赏，便能体会到全景画的感觉。

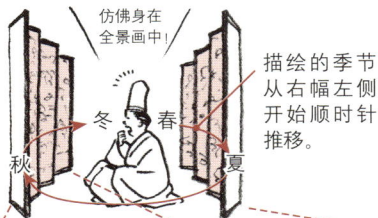

仿佛身在全景画中！

冬 春
秋 夏

描绘的季节从右幅左侧开始顺时针推移。

从信长到谦信

由于订购屏风的足利义辉离世，信长代替他将屏风送给了谦信。

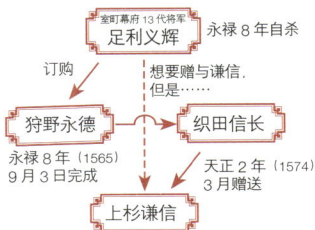

室町幕府13代将军
足利义辉 — 永禄8年自杀

订购 │ 想要赠与谦信，但是……

狩野永德 → 织田信长

永禄8年（1565）
9月3日完成

天正2年（1574）
3月赠送

上杉谦信

北　北

东

南

局部放大图（下图）

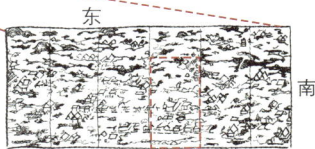

局部放大图（P70）

左幅描绘了御所西北的上京地区，右幅描绘了东南的下京地区。

国宝
《洛中洛外图屏风》左幅

国宝
《洛中洛外图屏风》右幅

看点在此

《洛中洛外图》的代表作，总共描绘了2485个人物。

幕府管领的细川宅邸，金云上方可见细川殿的字样。

精心打理的庭园。细川总领家代代都在庭园修建中发挥才能。

🔍 本作每年会于春秋两季的限定时间在米泽市上杉博物馆展出。出于保护需要，国宝的公开天数有限，平常展出的是复制品。

美丽的红叶，其中也混有未变红的绿叶。

藏蓝色的水面。

秀吉的喜好！
几欲跃出纸面的巨树是永德得意的构图。

国宝 《枫图隔扇》 秋季开花的鸡冠花。红色是整幅作品的亮点。

也有部分大面积缺失，下方可能曾有50厘米左右的画。

不允许失败的重要工作。截至1593年8月，等伯一共完成了包括《枫图隔扇》在内的50多幅隔扇画。

在抓住千载难逢的机会之前

等伯在江户去世。

国宝 《松林图屏风》16世纪，东京国立博物馆
等伯50岁前后完成的代表作。使用中国的水墨技法描绘出雾中松林这一日本人熟悉的风景。

开始绘制祥云寺的隔扇画。

33岁前后携妻儿来到京都。

1610		1593	1591	VS	1590	1582

6月，等伯的嫡子久藏死去。

秀吉之子鹤松死去。为了祈福，秀吉下令修建祥云寺。

国宝 《桧图屏风》16世纪 东京国立博物馆

9月，永德急逝。

8月，等伯出手干涉本应由狩野派负责的御所对屋隔扇画。但永德死守工作，使等伯计划破灭。

本能寺之变

树枝的位置有所偏差，两幅画面之间应存在缺失。

向右侧移动大约25厘米，便能完美接合。

将根部完全覆盖的鲜艳花草。这是狩野派不具备，但等伯独有的抒情表达。

看点在此

作为镇魂歌的决胜画作

枫图隔扇

data
桃山时代（16世纪）
长谷川等伯
智积院（京都）

　　巨枫耸立，楚楚秋草带来华丽的氛围。如此优美又充满魄力的枫树是长谷川等伯为丰臣秀吉的爱子、年仅3岁便夭折的鹤松绘制的。等伯参考了当时秀吉喜爱的狩野永德的风格，描绘出巨大的枫树，又发挥自身特色，添加了色彩鲜艳的花草与流水，出色回应了秀吉的期待。后来，等伯一门绘制的许多隔扇画都因火灾和盗窃而散失，但本作的残存部分被人们接合起来，奇迹般保留至今。

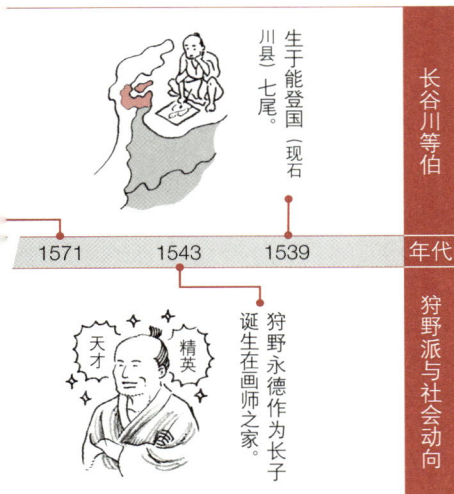

当时的画坛是狩野派一家独大，但永德突然离世，等伯一门接手了祥云寺的画作绘制工作。对于大器晚成的等伯来说，这是千载难逢的机会。

	长谷川等伯	狩野派与社会动向
	生于能登国（现石川县）七尾。	狩野永德作为长子诞生在画师之家。
年代	1571　　1543　　1539	

丰臣家覆灭后，德川幕府将祥云寺下赐给智积院，隔扇画也由其继承。如今，人们仍能在京都国立博物馆旁的智积院内看到《枫图隔扇》。

精致的描写、深思熟虑的构图，解读蕴含高雅教养的深层主题

彦根屏风

看点
在此 精心计算的画面构成

仔细观察，就会发现全部十五个人物都是用相似的形式重复描绘。这种重复与精心推敲的人物配置相结合，形成了特有的节奏，使整幅画面看起来秩序井然。

弹奏三味线的两个人呈现"面对称"。

支着手肘的两个人是"线对称"。

游女与见习游女属于"相似形"。

画中的屏风上可见真正的水墨山水图。画面虽小，却是幅出色的作品。

花街里检查信件的管账人。

双六

三味线和双六是花街里的修养，也是游戏。

南蛮贸易①为日本带来的烟草。

为了生意而给客人写情书的游女。

折叠会改变欣赏方法

折起来一看，人物之间的距离明显缩短，可以看出作者绘制时考虑到了向内或向外折叠后的效果。若有欣赏实物的机会，请一定要体会其与印刷品之间的区别。

活灵活现的表现力

连发际线和一根根碎发都不厌其烦地绘出。

在眼白的左右加入不到1毫米的点，制造出瞳孔濡湿的感觉。

扎染和服的手感也表现到位。

①南蛮贸易：指 16 世纪中期以后日本人与葡萄牙人之间的贸易。

舞台是江户时代的京都花街。当时的游女很有教养，花街也是一种文化沙龙般的存在。《彦根屏风》用极其精炼的笔致捕捉到了花街里客人与游女们的姿态。经过深思熟虑的人物配置，以及遍至各个角落的精细描写，传统而高雅的主题融于各处，表现出作品的深度。与同类作品相比，本作的品质更高出一筹。

data
江户时代（宽永年间·1624—1644 年）
彦根城博物馆（滋贺）

彦根城博物馆经常在 5 月黄金周期间展出本作。如果前往国宝彦根城参观，建议配合屏风的展出时间。

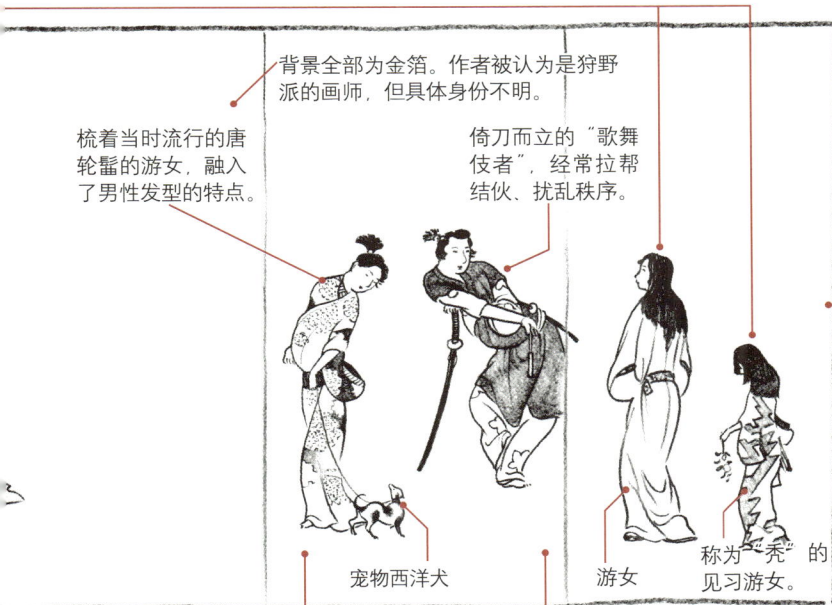

背景全部为金箔。作者被认为是狩野派的画师，但具体身份不明。

梳着当时流行的唐轮髻的游女，融入了男性发型的特点。

倚刀而立的"歌舞伎者"，经常拉帮结伙、扰乱秩序。

经彦根藩主井伊家城之手传承至今，因此人们赋予这件作品"彦根屏风"的爱称。

宠物西洋犬

游女

称为"秃"的见习游女。

国宝 《彦根屏风》

对传统绘画主题的高度诙谐式模仿

左幅绘有三味线、双六、情书和屏风。这是将中国古代知识阶层嗜好的琴棋书画替换成创作当时流行的事物。

人物表情透着无精打采的原因

绘制彦根屏风的宽永年间是幕府支配体制强化的时期。在京都，花街这样的华丽场所似乎正在消失。

每一根头发都细致绘出。

大鼓的一部分已经溢出画面，表现出雷神的跃动感与空间的开阔。

雷神
将雷神格化而成，是千手观音的随从，身背大鼓，手持鼓槌。

一般都会把雷神的皮肤画成红色，但宗达将其变为白色，呈现出轻盈之感。

没有落款或签名，但后人判断为宗达所绘。

二曲屏风的横竖比例接近扇子。扇面画是宗达擅长的领域。

中央大片留白的大胆构图。

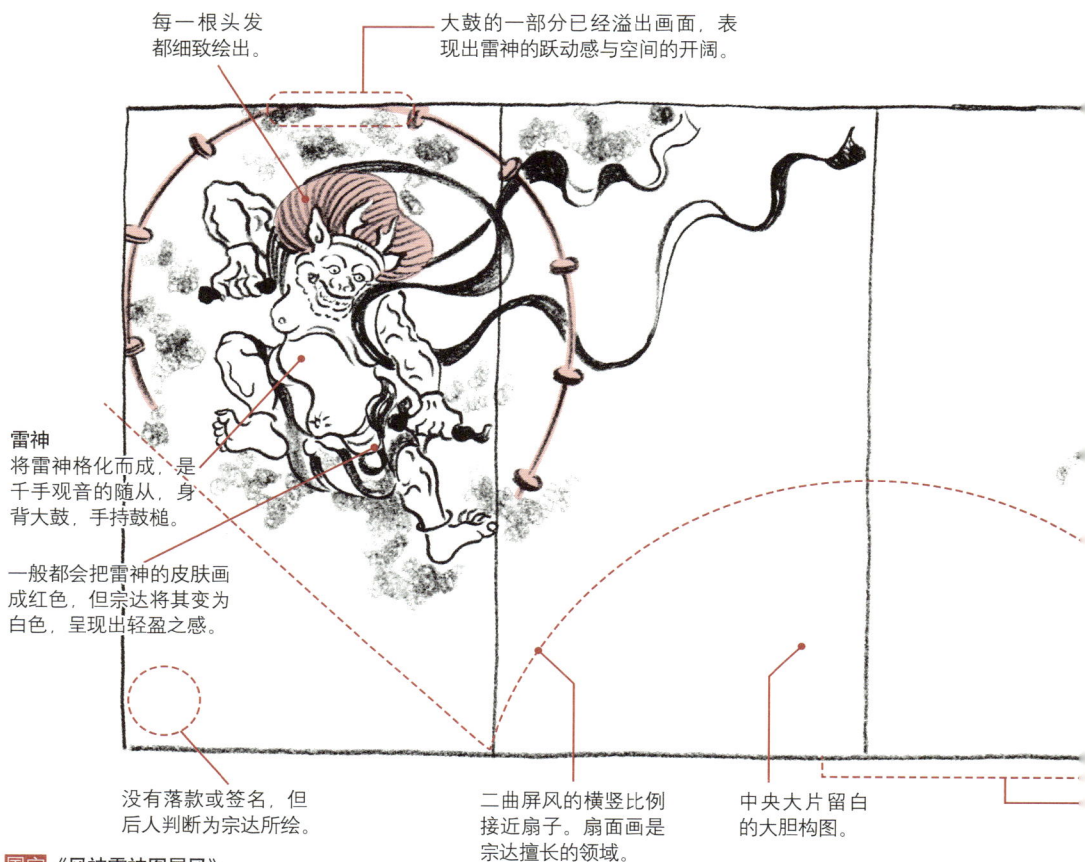

国宝 《风神雷神图屏风》

历经摹写继承的风神雷神

尾形光琳曾经把薄纸放在宗达的《风神雷神图》上进行摹写，酒井抱一又以素描手法临摹了光琳的《风神雷神》。

江户初期
宗达与光悦这对著名组合的合作作品保留至今。

江户中期
第二代。光琳与陶艺家弟弟乾山成为著名艺术家。

江户后期
第三代。为光琳倾倒的抱一活跃在江户。

俵屋宗达
（生年不明，死于1640年前后）

本阿弥光悦
(1558—1637)

尾形光琳
(1658—1716)

兄弟

尾形乾山
(1663—1743)

敬仰

酒井抱一
(1761—1828)

宗达创造的"溜込"

"溜込"是一种刻意形成晕染或斑驳效果的技法。宗达使用该技法描绘云朵，表现出比单纯的墨色更轻柔的质感。

"溜込"的步骤

1、涂上较淡的颜料或墨。

2、滴下浓度相异的颜料或墨，进行晕染。

风神
将风神格化而成，是千手观音的随从，手持风袋。

看点在此

宗达是第一个仅选择风神雷神绘制金屏风的人。

肚子凸出，裤子也松松垮垮。宗达对本应可怕的鬼神进行了幽默化处理，让人很容易心生亲近感。

—— 风神和雷神极其平衡地配置在二曲一双（对折的屏风两件一组）的画面上。

云朵绝妙的厚度与轻柔感。

提炼形象的天才

宗达是改编使用前人作品的名人。本作据说是从莲华王院本堂（P125）的风神雷神中获得了灵感。

风神　观音　雷神

面向三十三间堂，最前排右侧是雷神像，左侧是风神像。

守护着超过一千尊千手观音像。

可怕的二神与宗达的轻描淡写
风神雷神图屏风

data
江户时代（17 世纪）
俵屋宗达
建仁寺（京都）

　　敲响大鼓、雷鸣震天的雷神与手持鼓胀袋子送风的风神被安排在金色的屏风上，呈现出绝妙的平衡。雷神的身体通常被涂满红色，这里却大胆使用了白色，与用"溜达"技法柔软描绘的云相辅相成，形成轻盈的画面。此外，选择本属于佛教绘画的风神和雷神，绘制成能让人愉悦欣赏的金屏风，这一尝试也是划时代的。绘制这幅作品的是活跃于江户时代初期的画师俵屋宗达。虽然缺少印章，但本作的表现手法与宗达的其他作品相似，可以判断为宗达所绘。

本作现存于京都国立博物馆，建仁寺内展出有高质量的复制品。以国宝或琳派为主题的展览中有可能会公开展览本作，切勿错过欣赏机会。

白梅。树干大幅度弯曲，冲出画面。

曾有说法认为波纹使用了镂花纸板，但如今主流观点认为是用笔画的。

黑色水流。关于画法的争论持续了多年。

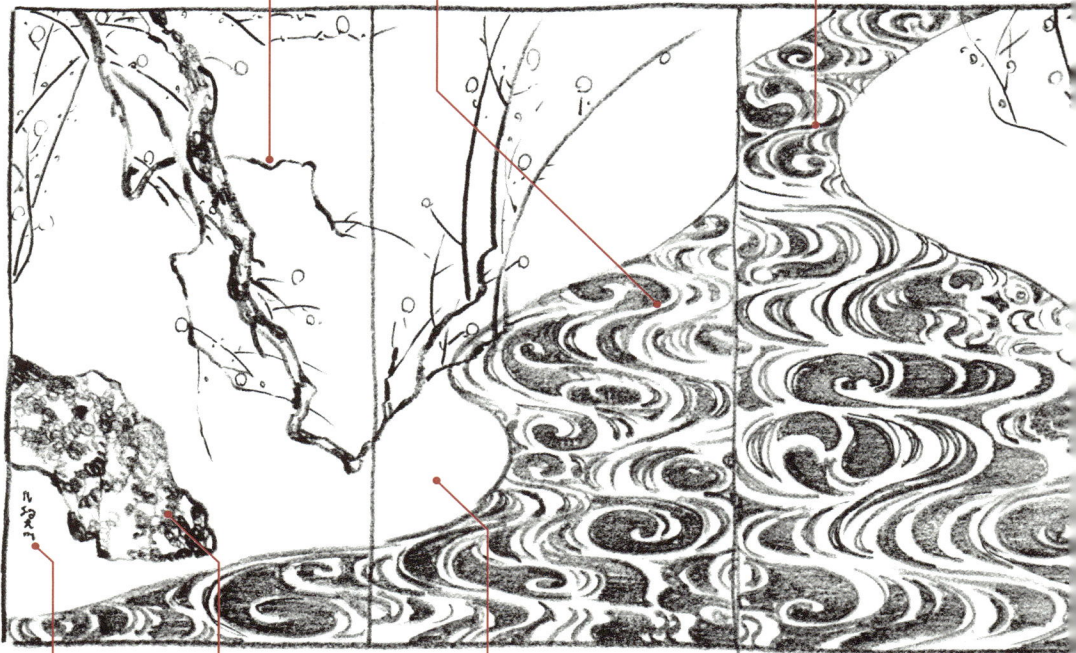

法桥光琳的落款。

采用宗达创造的"溜込"技法，表现出树干的质感（P76）。

关于背景使用的是金箔（贴金箔）还是金泥（涂金色）的问题，曾有多种说法，经过科学调查确定是贴上了一层极薄的金箔。

国宝 《红白梅图屏风》

世纪公子：尾形光琳

光琳以琳派巨匠的身份名垂青史，但在他 59 年的人生中，作为画家生活的时间只有短短 20 年。

> 国宝《燕子花屏风》也是我画的。

年表

1658 年	出生，是京都高级和服商"雁金屋"的次子。
1687 年（30 岁）	父亲宗谦去世。继承了两处宅邸和贷款给大名的证明等。
1697 年（40 岁）	因花天酒地而倾尽家财，走上画家之路。
1704 年（47 岁）	来到江户。从此开始往来于江户和京都之间。
1716 年（59 岁）	6 月 2 日去世。《红白梅图屏风》应该是在前一年完成的。

前往收藏本作的 MOA 美术馆，需要从 JR 热海站搭乘巴士，约 7 分钟，下车即到。本作的公开展览多在 1 月下旬到 3 月上旬举行，这也是能够欣赏真实的梅花的时期。

构图充满紧张感，流水的曲线和梅树的曲线相互呼应。

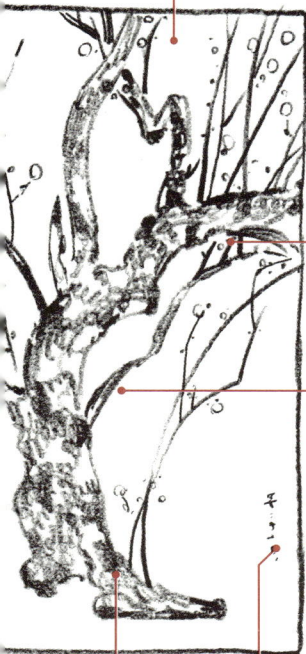

光琳晚年奢华神秘的杰作

红白梅图屏风

data
江户时代（18世纪前半）
尾形光琳
MOA美术馆（静冈）

红梅。枝条傲然伸展。

凭借独创性征服世人的"光琳梅"

对轮廓进行整体描绘，不区分花瓣。

《红白梅图屏风》中的花蕾较多，盛开的梅花很少。

不使用轮廓线的"没骨法"。

青青光琳的落款。

在中央的流水两侧，红梅溢满了整个画面，白梅则是大部分树干延伸到了画外，形成对照鲜明的构图。大胆使用曲线展现的黑色水流引人注目，根据近年来的科学研究发现，黑色的水流是将银硫化形成的，极有可能是光琳从一开始就有意为之。

除此之外，人们对画作的含义也有多种解释，至今仍留有若干谜题。这是光琳最晚年的作品，无懈可击的构思和精妙绝伦的技法，充满魅力。

水流本就是黑色！

关于水流的颜色有多种说法，但据近年来的研究，银箔硫化后，很可能最初就是黑的，水流的颜色也就呈现为黑色。

【近年的定论】
1. 先给河流整体贴上银箔。
2. 再用矾水※在上面画上波纹，覆盖表面。
3. 最后采用撒硫黄粉等方法使银箔硫化变黑。涂有矾水的部分由于被遮盖，银色得以保留。

※ 在水中溶入少量胶和明矾制成，一般用来控制颜料或墨汁的渗透。

人称3D 屏风的理由

右幅的松树朝向观者，步步逼近般伸出
松枝，左幅的松枝则向画面内伸出。这
一顺时针循环的构图在空白部分营造出
广阔的空间。

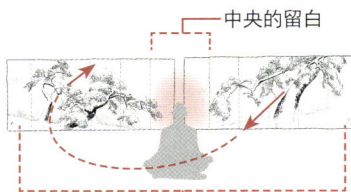

松枝仿佛面向观者伸出。

雪间透出的松叶笔致稍
显粗涩，但站在一定距
离外眺望，便能发现恰
到好处的立体感。

┌── 中央的留白

将屏风并排折叠欣赏时，留白就会让
屏风变成立体的空间。

左幅

使用无缝的大幅料
纸，很可能是专门
定做的。

松枝仿佛不断
向后方伸展。

将笔头整体蘸上淡墨，
再将笔尖蘸上浓墨，用
这种"付立"①技法可以
一笔画出不同的浓淡，
展现立体感。

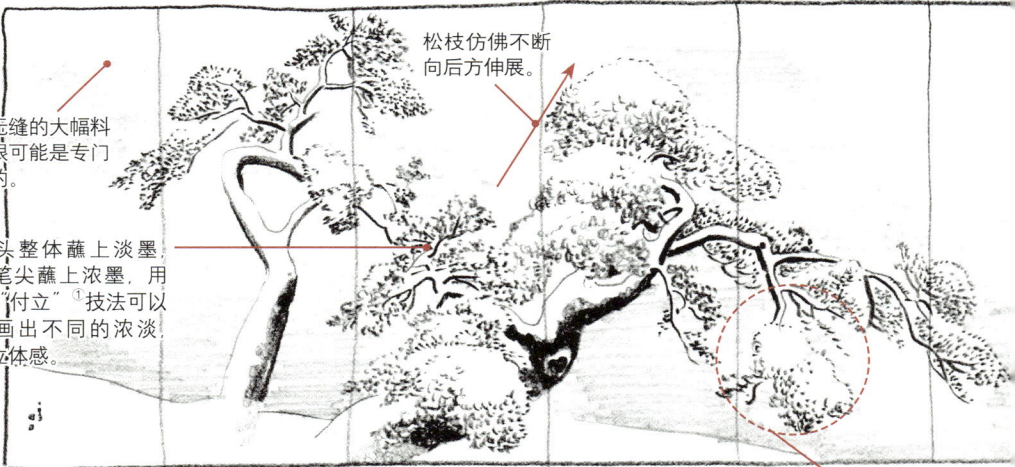

国宝 《雪松图屏风》

让应举掌握了西洋画法的"眼镜绘"

噢！
就像凸出来一样！

通过透镜欣赏采用极端的透视法描绘出的风景画，这被
称为"眼镜绘"。由于能让人在平面绘画中感受到纵深，
这种透镜玩具在江户时代极为流行。据说年轻的画家圆
山应举在高级玩具商那里工作时见到了眼镜绘，由此学
会了西洋画法。

🔍 《雪松图屏风》多于1月上旬在三井纪念美术馆（东京）公开展览，可以一边欣赏金与墨描绘的耀眼冬景，一边迎接明媚的
新春。

①付立：没骨法的一种，不画轮廓，直接用墨或彩色颜料绘画。

去掉松树的上部和下部。只描绘局部反而让松树看起来更高大。

右幅

金砂通常用于将画面装饰得更华丽，此处却被用来表现反射的光。

没有轮廓

不使用轮廓线，而是让一侧的颜色渐渐晕染，通过这种名为"单侧晕染"的技法，画作表现出立体感。

不涂色

雪的部分没有涂白色颜料，而是活用了纸的底色。

极薄的纸背后贴了混有米粉的楮纸作为背衬，衬托出雪的白色。

寒冷彻骨的冬日清晨，
连空气感都传达无误的 3D 作品
雪松图屏风

data
江户时代（18 世纪后半）
圆山应举
三井纪念美术馆（东京）

　　茫茫白雪中，三棵松树在阳光的照射下闪耀着白光。右幅的松树像是要飞出纸外，左幅的则仿佛向后方伸展，立体感表现得十分巧妙。就像现在的 3D 效果一样，这幅作品想必在当时的人们眼中也是新鲜的。在那个视临摹为理所当然的时代，画家圆山应举透彻地观察绘画对象，抓住它们的本质进行创作，从而刷新了绘画史。在《雪松图屏风》中，应举除了想要表现树木逼至人眼前的魄力和雪面反射的光外，甚至还想表现出清凛的空气。应举的作品表现形式新颖，也消除了与观者的距离感，得到了人们大力的支持。

绘画的欣赏方法

让我们结合外形来欣赏

⚠ POINT
绘卷的画面通常为从右向左，欣赏时要注意顺序。

⚠ POINT
想象自己正在用双手边卷边看。

⚠ POINT
中途遇到在意的画面，也可以返回再看。可以按照自己的步调欣赏，只要留心别撞到他人就好。

【绘卷】

在纸或丝绸上绘画书写，横向连接后形成的卷轴作品。

例：P56《信贵山缘起绘卷》、P58《伴大纳言绘卷》等。

鉴赏要点

在美术馆等地方，几乎所有绘卷都会展开放在柜子中展示。但绘卷原本是人们放在地板或桌子上，用双手打开欣赏的。因此可以想象一下：如果我们将它时而卷起，时而打开，会是什么样子？

⚠ POINT
首先感受作品的整体氛围。

⚠ POINT
品味色调的细节与画作的大小带来的感受。

⚠ POINT
还要欣赏布料质地和轴木等装裱上的组合。

【挂轴】

为了欣赏或礼拜而将书画进行装裱，并加上卷轴。也称挂幅。

例：P48《佛涅槃图》、P66《传源赖朝像》等。

鉴赏要点

人们在画集中刊载挂轴时，大多只会选取绘画部分。但实物上往往包含各种看点，例如与绘画相称的布料选择，以及布料上的绘画等。我们要带着比看书时更开阔的视野去欣赏整幅挂轴。

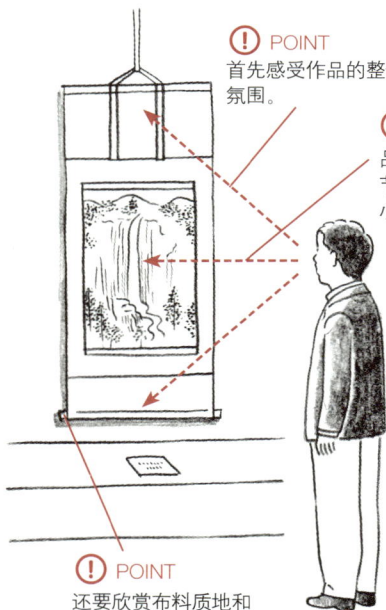

【屏风】

立于房间中，用来防风、分隔空间或装饰。

例：P74《彦根屏风》、P81《雪松图屏风》等。

! POINT
屏风是以折叠为前提制作的。在折叠的状态下，屏风上的画作可能会形成立体感。

! POINT
折起来的各面称为〝扇〞。

! POINT
稍微拉开距离，就能看清画作的整体构图和左右走向。

! POINT
从右边开始按照第一扇、第二扇的顺序数。

! POINT
靠近观察细节。

如果是描绘四季的屏风……

如果是描绘四季的屏风，画面一般会从右向左按照春、夏、秋、冬的顺序变换，欣赏时也要特别留意顺序。

! POINT
图中为六曲一双（一对屏风，各有六扇）。也有二曲和四曲的样式。

! POINT
基本样式为右幅连续描绘春夏，左幅连续描绘秋冬。

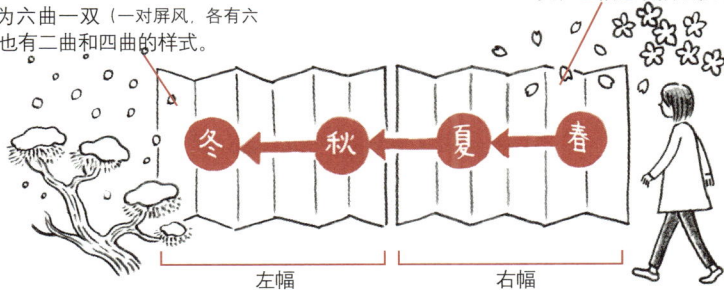

冬 ← 秋 ← 夏 ← 春

左幅　　　　　右幅

鉴赏要点

许多屏风的高度都与人的身高相当。可以先站在稍远处把握整体构图，再靠近观察细节，变换距离能让欣赏屏风画更有乐趣。如果屏风处于折叠状态，也可能会发现与画集中的平面状态不同的地方。

第 **3** 章

雕塑

佛像在国宝雕塑中占据大多数，是人们为了
实现心愿而造的信仰的对象。在本章中，我
们将介绍为后世带来巨大影响、至今仍为人
们熟知的佛像。

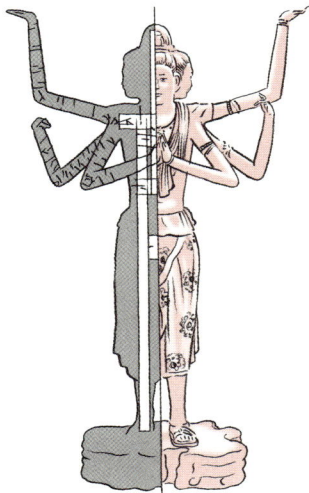

与圣德太子相关的日本代表性佛像

释迦三尊像

巨大的舟形光背包裹着三尊。

释迦如来坐像
铜造镀金佛，像高 86.4 厘米，据说大小与圣德太子身高相当。

火焰中可见七尊如来。

右胁侍像

左胁侍像

看点
在此

日本现存最古老的佛像，委托方、佛师和祈愿内容皆十分明确。

左手手掌向上，结"与愿印"，可以实现人们的愿望。

整体形成安定的等边三角形。

右手手掌向外，结"施无畏印"，可以驱除恐惧与不安。

国宝《释迦三尊像》

data
飞鸟时代（推古天皇 31 年·623 年）
止利佛师
法隆寺金堂（奈良）

　　法隆寺释迦三尊像是圣德太子周围的人们为了祈祷太子和妃子疾病痊愈而造的佛像。中央的释迦如来像与圣德太子真人身高相当，这一点也传达出了人们对太子的思慕之情。光背的背面不但记载了制造佛像的经过和创作者止利佛师的名字，还清楚标明了佛像是在圣德太子和妃子相继去世后的第二年完成的。这尊佛像既是杰出的雕塑作品，也是能让人们了解 7 世纪雕塑工艺的珍贵证明。

可信的文字资料保留至今

光背的背面刻有铭文，让人对"谁、什么时候、因何理由"制造了佛像一清二楚。在史料有限的古代美术史中，如此可信的文字史料能够留下，实乃珍贵。

铭文的内容

在 14 字 × 14 行，共计 196 字的铭文中，记录了制造的目的、时期和创作者等内容。当时的人们相信，为他人制造佛像，自己的心愿也能实现。

阅读顺序

目的
为了祈祷圣德太子和妃子的疾病痊愈而造。

作者
止利佛师。从海外来的佛师，掌握了高超的铸造和金属工艺技术。

时期
推古天皇 31 年（623）3 月中旬完成。

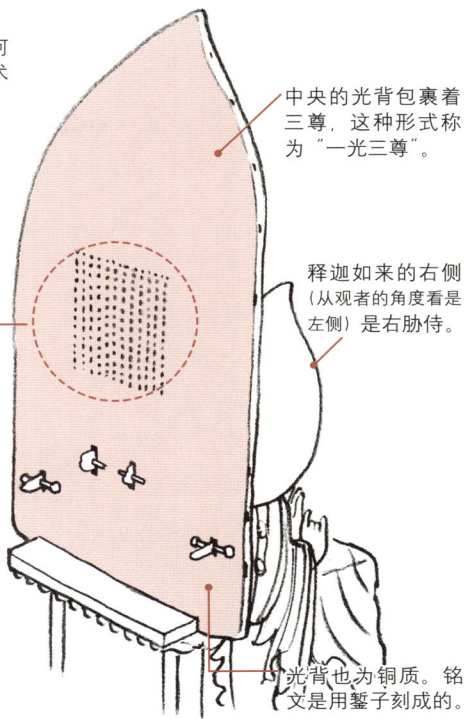

中央的光背包裹着三尊，这种形式称为"一光三尊"。

释迦如来的右侧（从观者的角度看是左侧）是右胁侍。

光背也为铜质。铭文是用錾子刻成的。

微笑也是时代的象征

希腊雕塑中的"古风式微笑"在日本飞鸟时代的佛像中也有呈现。

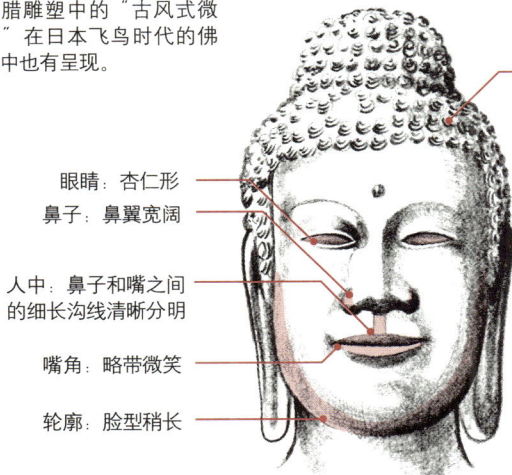

由于重视正面的视觉效果，螺发（释迦卷曲的头发）只在前面才有。

眼睛：杏仁形

鼻子：鼻翼宽阔

人中：鼻子和嘴之间的细长沟线清晰分明

嘴角：略带微笑

轮廓：脸型稍长

胁侍像的背面是……

胁侍像以从正面看为前提，因此背面未加处理。

衣服的造型左右对称，给人以严谨的印象。

现存的法隆寺金堂虽然是 670 年烧毁后于 7 世纪后半重建的，但仍是世界上现存最古老的木造建筑。在金堂里可以看到释迦三尊像。

形似圣德太子？ 秘佛中的秘佛

救世观音

data
飞鸟时代（7世纪前半）
法隆寺梦殿（奈良）

法隆寺梦殿本尊救世观音是日本现存最古老的木造雕像。容貌个性丰富、栩栩如生，据传是圣德太子的等身像。据近年研究，等身雕像往往是在雕刻对象死后所造，因此这尊雕像的制作契机很可能也是圣德太子的离世。

从平安时代末期开始，这尊雕像就被视作秘佛。到了明治时代，艺术史学者欧内斯特·费诺罗萨（Ernest Fenollosa）和冈仓天心因宝物调查到访，封印才得以解除。现在的公开展示只限于每年两次的特别开放时段。

看点在此 从平安时代就被视作秘佛。保存状况良好，精美的金箔留存至今。

宝冠
精致的金铜透雕。保存状态良好，琉璃色的玻璃珠也保留下来。

光背
樟木雕成的宝珠形，刻有火焰纹样、唐草纹样和多宝塔。

宝珠
能够实现愿望、驱除痛苦的宝玉。除火焰之外，其他部分都是和佛像本体用同一棵樟树雕出来的。

腰的位置较高，身材修长匀称。

捧在胸前的姿势是百济流行的样式。

左右对称散开的天衣，制作时以正面参拜为前提。

国宝 《救世观音》

88

法隆寺的两尊圣德太子等身像

救世观音　　　　　共通点　　　　　释迦三尊像

救世观音中的"救世"，是指将人们从苦难的世界中拯救出来。

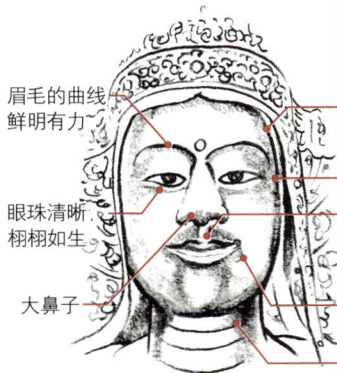

以释迦为中心，左右配有两位菩萨胁侍。

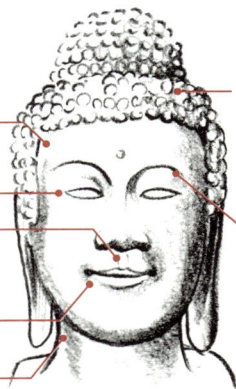

眉毛的曲线鲜明有力

长脸

方形头部

杏核眼

眼珠清晰，栩栩如生

鼻子与嘴唇之间的纵向沟痕（人中）较粗

眉梢的弧度强而有力

大鼻子

嘴角带着微笑

皆以正面参拜为前提

国宝 安放在梦殿（8世纪）中

从侧面看起来很单薄

从正面看起来左右对称

国宝 安放在金堂（7世纪后半）中

本瓦葺屋顶的八角圆堂，建在圣德太子曾经居住的宫殿遗迹上。

金堂是法隆寺西院伽蓝的中心建筑，是世界上现存最古老的木建筑，也是将飞鸟建筑的样式传承至今的珍贵遗存。

源于平安时代的秘佛中的秘佛大公开

明治17年（1884），得到政府许可的美国学者费诺罗萨和冈仓天心说服了害怕遭到神罚的僧侣们，打开了佛龛的门。那时，救世观音被包裹在约450米长的白布中，是秘佛中的秘佛。

听说蛇和老鼠都被人声吓跑了。

喔喔！

美国学者欧内斯特·费诺罗萨。

会遭天谴的……

拜长时间包裹的白布所赐，金箔保存完好。

曾是近千年来连寺内僧人都被禁止观看的秘佛。

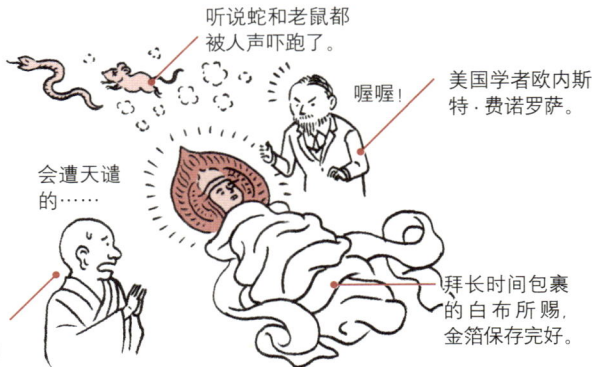

法隆寺每年有两次特别开放，分别为春季的4月11日—5月18日和秋季的10月22日—11月23日，能够参拜梦殿的本尊救世观音。

人气与知名度皆为佛像界之首

阿修罗像

data
奈良时代（天平 6 年·734 年）
兴福寺〔奈良〕

　　阿修罗像在兴福寺的大量寺宝中也属人气极高的，是光明皇后为去世的
母亲橘三千代祈祷冥福而命人制作的。作为围绕在本尊释迦三尊像周围的眷属
（随从），阿修罗像曾和其他八部众与十大弟子一起被安放在西金堂。阿修罗是
喜爱战斗的鬼神，但这尊像却采用了三头六臂的异常姿态，手脚平衡得体，忧
郁的表情也深深吸引着人们。

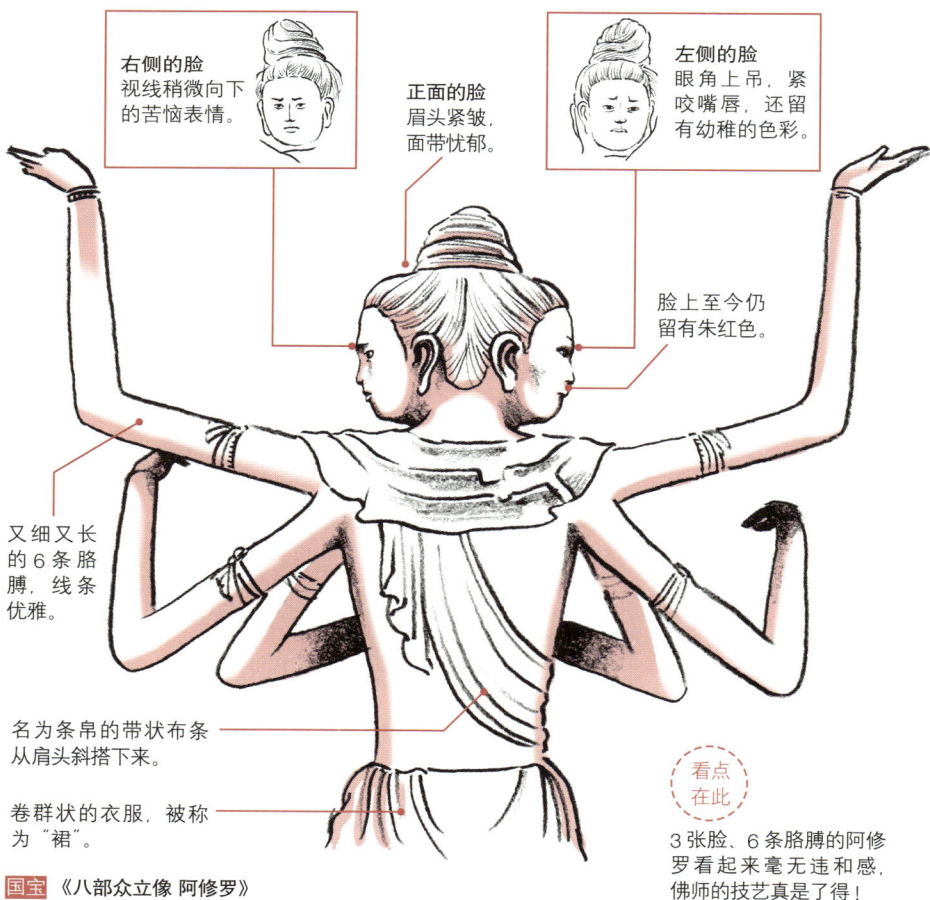

右侧的脸
视线稍微向下
的苦恼表情。

正面的脸
眉头紧皱，
面带忧郁。

左侧的脸
眼角上吊，紧
咬嘴唇，还留
有幼稚的色彩。

脸上至今仍
留有朱红色。

又细又长
的 6 条胳
膊，线条
优雅。

名为条帛的带状布条
从肩头斜搭下来。

卷群状的衣服，被称
为"裙"。

看点
在此

3 张脸、6 条胳膊的阿修
罗看起来毫无违和感，
佛师的技艺真是了得！

国宝 《八部众立像 阿修罗》

阿修罗像的内与外

阿修罗像是天平文化中雕塑作品的代表。采用脱活干漆造的方法，在制作时间和材料上均需倾注大量心血，但也使雕塑实现了轻量化。发生紧急情况时，仅凭人力就可以移动雕像，让雕像得以优美地保存至今。

正面的脸神情悲伤

阿修罗像是光明皇后命人为母亲一周年忌日的法会制造的，正面的脸仿佛沉浸在悲伤中。

鼓胀的泪袋让眼眸看起来格外润泽。

右端微翘的嘴角。

内部中空

先制作塑像，再在外面裹上麻布，干燥后将里面的土挖出，放入木架结构，这就是"脱活干漆造"。雕像会因此变轻，但制作起来也格外费工夫。

像高 153 厘米。

最高的左手曾经托着太阳，右手托着月亮。

根据推测，中间的左手曾握着弓，右手拿着箭。

原本在中轴线处合掌

现在合掌的手偏向左侧，但是……

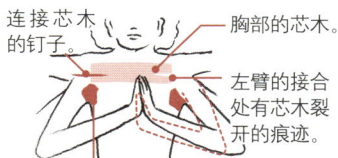

连接芯木的钉子

胸部的芯木。

左臂的接合处有芯木裂开的痕迹。

明治年间修复时埋入的木屎漆[1]。

左肩部分的钉子脱落，形成了所谓的脱臼状态，因此左侧是在稍有偏斜的情况下被固定的。原本应该在中轴线上合掌。

在胸前合掌，表示皈依佛教。

当时整个身体都色彩鲜艳，大量使用了价格超过当时米价 20 倍的漆。

原本安放在如今已经消失的西金堂中

以阿修罗像为代表的八部众和十大弟子作为释迦如来的眷属，曾安放在如今只剩遗迹的西金堂中。

有说法认为，阿修罗曾被安放在人们面朝本尊站立时的左右方。

手臂的木材

使用了扁柏以及更轻的杉木和泡桐，是为了让手臂多达 6 条的阿修罗像尽可能变得更轻一些。

2017 年，兴福寺认为应该再现西金堂的展示空间，于是将包括阿修罗在内的八部众立像及十大弟子等诸多雕像共同陈列在临时讲堂内，一时引发热议。

①木屎漆：将木头粉或纤维碎屑与漆混合在一起形成的塑形用料。

用尽日本铜料的 15 米巨佛

卢舍那佛坐像

data
奈良时代（天平胜宝 4 年·752 年）
东大寺大佛殿（奈良）

　　人们熟知的奈良大佛，即卢舍那佛坐像，是想以佛教统治国家的圣武天皇提出修建的巨大佛像。佛像高度为释迦身高的 10 倍（坐像高 16 米），使用了从日本各地收集而来的 500 吨铜。包括修建大佛殿在内，多达 260 万人参与到了这一工作中。佛像曾在平安时代末期和战国时代因战火而破损，但每次都因人们的虔诚得到修缮，因此得以保存至今。

看点
在此

奈良时代完成如此巨像的热忱与技术。

形状几乎相同的螺状突起。

高约 21 厘米。

重约 1.2 千克。

直径约 22 厘米。

佛特有的螺发（向右卷曲的螺旋状发型）。现在共有 483 个。

头部高约 6.7 米。

佛像高约 15 米，能与大约 4 层的建筑物匹敌。

整只手大约有 4 张半榻榻米大小。

中指长 1.1 米。

手掌长 2.6 米。

薄薄的指蹼象征着能够拯救众生。

右手结"施无畏印"。
左手结"与愿印"。

莲花座外围（下层）周长 69.6 米。

共有 28 枚大小不一的莲花瓣，每一瓣上都刻有释迦和菩萨。部分花瓣从 8 世纪保存至今。

国宝 卢舍那佛坐像

动用260万人和500吨铜的大型国家工程

圣武天皇在位的8世纪中叶，正处于痛苦与不安定的时代，自然灾害与恶性疾病在各地蔓延。大佛的制造源于圣武天皇想借佛教之力驱除灾祸，然而在人口大约500万的时代，这却是一项动用了260万人的大工程。

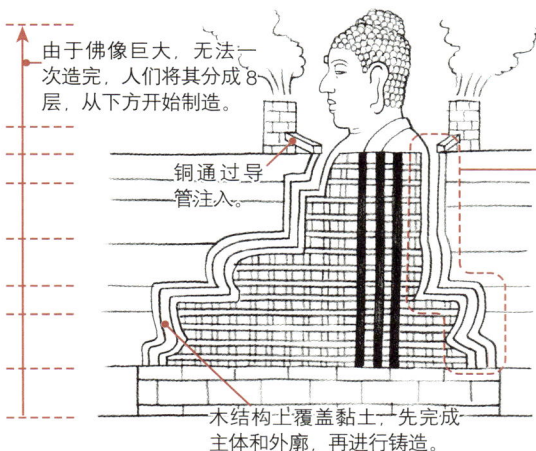

由于佛像巨大，无法一次造完，人们将其分成8层，从下方开始制造。

铜通过导管注入。

木结构上覆盖黏土，先完成主体和外廓，再进行铸造。

铜的灌注

待主体的黏土完全干燥后，再在表面涂一层黏土，形成外廓。

外部造型

黏土

剥离外廓，将主体的表面削去数厘米。

将外廓归位，外廓与主体间形成缝隙，然后将铜灌注其中。

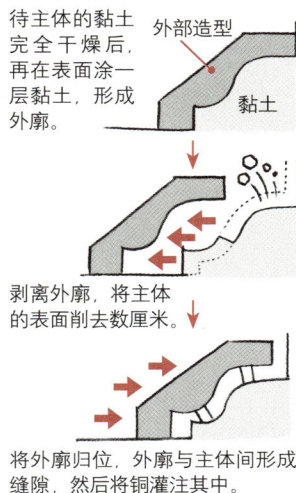

佛像与建筑皆历经数次烧毁与修缮

大佛曾先后在平重衡的南都烧讨（1180）和三好·松永之乱（1567）这两大战火中损毁，身体和头部分别于镰仓时代和江户时代重制，后保留至今。

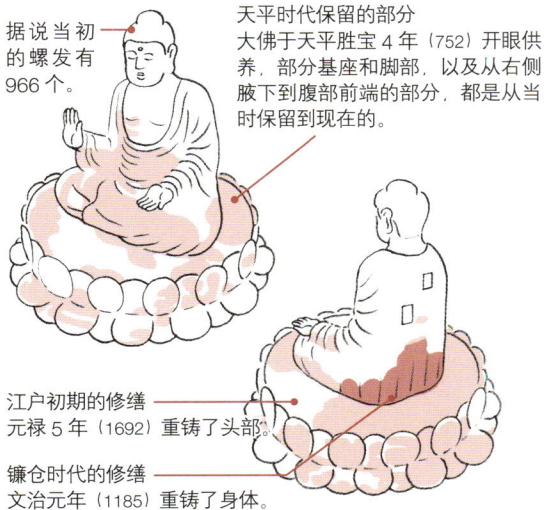

据说当初的螺发有966个。

天平时代保留的部分
大佛于天平胜宝4年（752）开眼供养，部分基座和脚部，以及从右侧腋下到腹部前端的部分，都是从当时保留到现在的。

江户初期的修缮
元禄5年（1692）重铸了头部。

镰仓时代的修缮
文治元年（1185）重铸了身体。

昔日更加巨大

平安时代绘制的《信贵山缘起绘卷》的《尼君之卷》描绘了被烧毁前的天平时代的大佛。

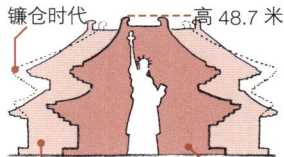

镰仓时代

高48.7米

奈良时代。当时的大佛高16米，比现在还高1米。

现在。仍比自由女神像高。

国宝 东大寺大佛殿

两次重建后大佛殿的规模缩小，但仍是世界上最大的木造建筑。

除了卢舍那佛坐像，东大寺还有二月堂、法华堂、戒坛堂等许多看点。平成23年（2011），东大寺博物馆开馆，馆内为人们提供了学习东大寺历史和美术的空间，还开设了商店和咖啡厅。

惟妙惟肖的日本最古老肖像雕塑
鉴真和尚坐像

data
奈良时代（8世纪）
唐招提寺御影堂（奈良）

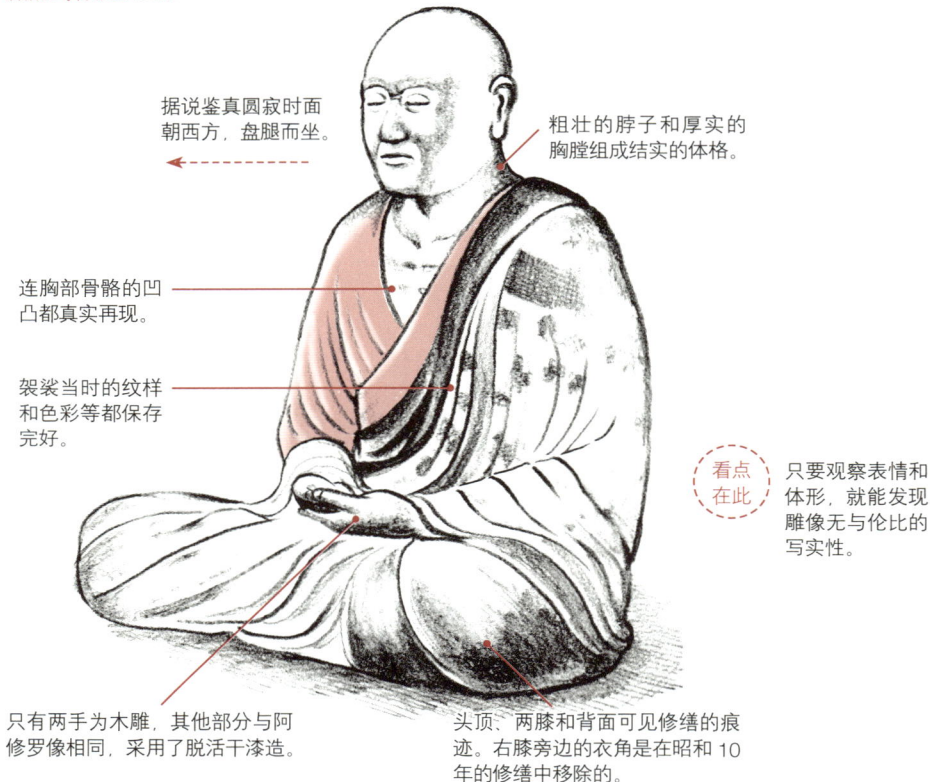

据说鉴真圆寂时面朝西方，盘腿而坐。

粗壮的脖子和厚实的胸膛组成结实的体格。

连胸部骨骼的凹凸都真实再现。

袈裟当时的纹样和色彩等都保存完好。

看点在此 只要观察表情和体形，就能发现雕像无与伦比的写实性。

只有两手为木雕，其他部分与阿修罗像相同，采用了脱活干漆造。

头顶、两膝和背面可见修缮的痕迹。右膝旁边的衣角是在昭和10年的修缮中移除的。

国宝 鉴真和尚坐像

根据鉴真的传记《唐大和尚东征传》，弟子忍基做梦预感到了师父寿命将尽，于是开始制造此像。结实的身躯、高度存在微妙不同的双眼、多处混有白色的胡须……这尊雕像真实得让人觉得鉴真仿佛就在眼前。与此同时，雕像并不落俗，具备了高僧崇高的风骨。这也是日本现存最古老的肖像雕塑。

年表

688年	生于扬州江阳县
701年	出家
743年	第一次东渡失败，此后共失败5次
749年前后	失明
753年	东渡成功，抵达萨摩国
754年	在东大寺大佛殿前为圣武上皇等授戒
759年	创建唐招提寺
763年	农历五月初六圆寂

不要错过精巧的细节

雕像安放在唐招提寺北部后方的御影堂（重要文物）内，所在的"宸殿之间"被东山魁夷的隔扇画包围，雕像就在佛龛里。

一根根描画出的眉毛。

清晰的轮廓。

细腻描绘的胡须中混杂着白色物质。

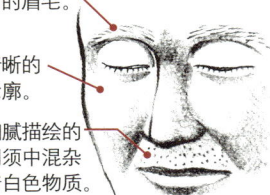

没有使用刮刀，而是用手指完成。

涂有将锯末、纤维、漆混合而成的木屎漆，使细节成形。

雕像内部的制作

采用极费工夫的脱活干漆造。

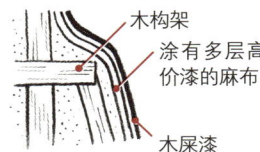

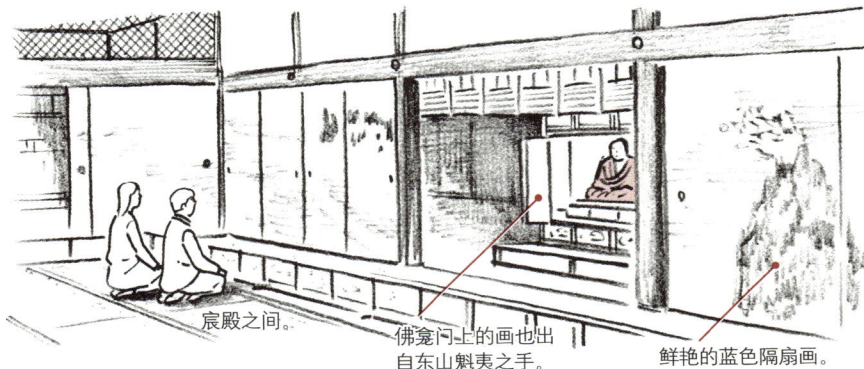

木构架

涂有多层高价漆的麻布

木屎漆

宸殿之间。

佛龛门上的画也出自东山魁夷之手。

鲜艳的蓝色隔扇画。

鉴真的三大功绩

佛教徒必须遵守的修行规范称为戒律。鉴真前往日本，是为举行正式的授戒仪式，但同时也给日本的佛教界带去了巨大影响。

传播佛教戒律

这是鉴真赴日的最大目的。在东大寺大佛殿前，他曾为圣武上皇等 440 余人授戒。

传播独木雕的佛像

许多弟子与工匠和鉴真共同赴日，因此也带去了唐代的最新文化。独木雕便是其中之一。

独木雕
在可能的范围内用一根木头雕刻佛像。

创建唐招提寺

759 年，鉴真率领弟子们创建了全新的律宗之寺：唐招提寺。

现存唯一的奈良时代的正式金堂。

国宝 唐招提寺金堂
8 世纪后半

唐招提寺距离近畿铁道西之京站大约 700 米，鉴真和尚坐像仅于每年 6 月 5 日到 7 日，也就是包含鉴真忌日在内的 3 天对外公开。

千手真的存在！
千手观音菩萨坐像

data
奈良时代（8世纪）
葛井寺（大阪）

　　人们在为拯救众生的千手观音塑像时，往往不会真的塑造一千只手，而是省略为 42 只手。但在千手观音像出现的初期，有些雕像确实有一千只手，大阪葛井寺的本尊千手观音菩萨坐像就是其中之一，共有 1041 只手，包括合掌的 2 只、大胁手 38 只和小胁手 1001 只。这尊珍贵的雕像造于 8 世纪中期的天平时代，是日本最古老的千手观音像。

看点
在此
日本唯一拥有一千只手的观音像。

头上顶着十一张脸。

克制稳重的表情。

小胁手有 1001 只。掌中绘有眼睛，意为能够看透人间疾苦的千眼。

本体为脱活干漆造。小胁手和莲花座铺展成圆形。

一般的千手观音坐像为右脚在上，左脚在上的十分罕见。

许多千手观音都会用手在腹部前方托着宝钵，但该像不同。

看点
在此
可以判断出该像造于千手观音定型化之前。

国宝
千手观音菩萨坐像

为了拯救众生的多种道具

实际拥有一千只手的雕像，包括唐招提寺像（现存 953 只手）在内，只有少数保留至今。葛井寺千手观音坐像的一千只手握有拯救众生于苦海的道具，彰显出观音的无量功德。

月精摩尼
象征月亮。

一般的千手观音有 42 只手

一般的千手观音有 42 只手，包括 2 只合掌的手和 40 只胁手。人们认为，每只胁手都可以拯救 25 个世界的人（40×25 就是一千）。

每列小胁手有 60 只到 80 只。

大胁手大约三层。

宝戟
棍状的三叉武器。长长的宝戟握在左手中，与右手的锡杖并立，格外威武。

日精摩尼
象征太阳。

握有道具的大胁手有 38 只，与小胁手同为木心干漆造。

莲花
共有 4 色，左右各两枝，象征佛界的清净。

钺斧
钺与斧。用来避开触犯法律之灾。

罥索
拯救受苦众生的绳子，用五色丝线捻成。

通过十一面像看世界

十一张脸在头上围成一圈，处在中间最高位置的是佛面，展现出观音的眼睛面向四面八方。

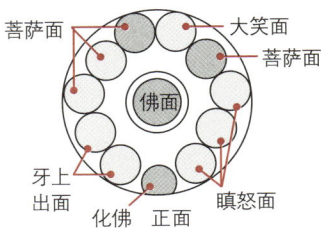

菩萨面
大笑面
菩萨面
佛面
牙上出面
化佛　正面
瞋怒面

🔍 紧挨商店街的葛井寺被人们亲切地称为"观音大人"。每月 18 日与每年 8 月 9 日举行"千日参"时，人们可以参拜本堂和本尊。在这样的日子参拜被认为极其灵验。

体验空海监制的密教空间

东寺立体曼陀罗

data
平安时代（9世纪）
东寺（京都）

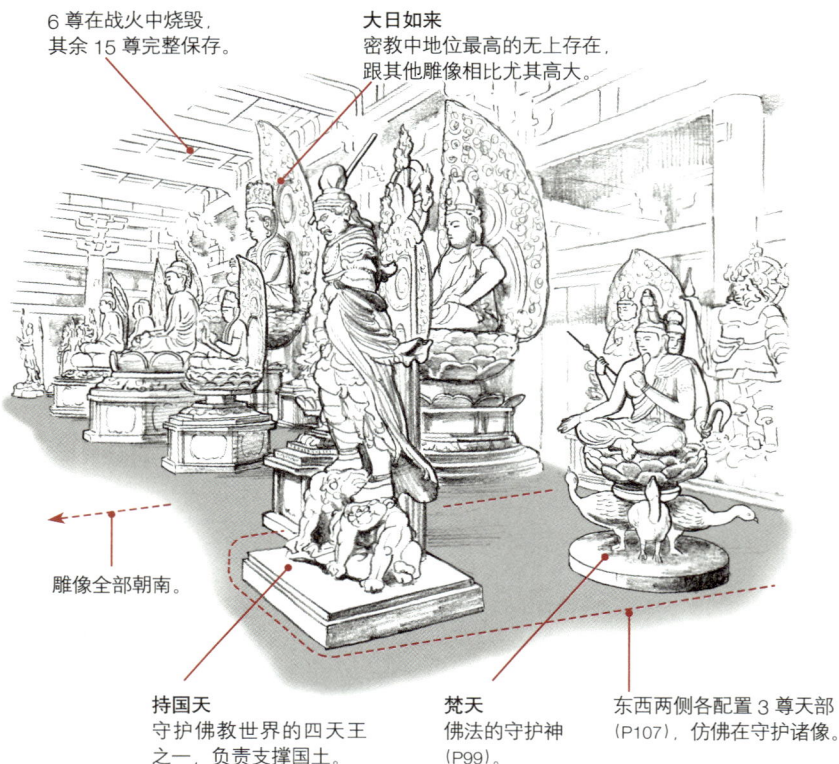

6尊在战火中烧毁，
其余15尊完整保存。

大日如来
密教中地位最高的无上存在，
跟其他雕像相比尤其高大。

雕像全部朝南。

持国天
守护佛教世界的四天王
之一，负责支撑国土。

梵天
佛法的守护神
（P99）。

东西两侧各配置3尊天部
（P107），仿佛在守护诸像。

看点
在此　空海提出的佛像配置几乎原封不动保存至今。

　　　所谓密教，是指师父将秘密的教义与礼仪传给弟子的秘密佛教。在中国习得密教真意并将其带到日本的正是空海。空海还将许多物品从中国带回日本国内，包括以图展现密教宇宙观的曼陀罗和法具等。在嵯峨天皇将东寺（教王护国寺）赐给空海后，空海在讲堂中安放了多尊佛像，创造出能够切身感受密教的空间。在总计21尊雕像中，保留原初状态的15尊均被指定为国宝。

胎藏界与金刚界的两界
曼陀罗用图解释了密教
思想。

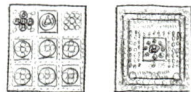

以宇宙为
原型！

空海（774—835）

空海提出的"五·五·五"安放计划

中央安放五佛（五智如来）。面朝五佛时，左侧为五大明王，右侧为五大菩萨。每5尊雕像形成一组。这是空海试图用21尊佛像描绘出曼陀罗而提出的配置。中央的5尊为原本的如来之姿，以忿怒之相引导众生的是五大明王，而以慈悲示人的是五大菩萨。

五大明王
（中央）不动明王、（从左后方顺时针）大威德、金刚夜叉、降三世、军荼利。

五智如来
（中央）大日如来、（从左后方顺时针）不空成就、阿閦、宝生、阿弥陀。

五大菩萨
（中央）金刚波罗蜜多菩萨、（从左后方顺时针）金刚业、金刚萨埵、金刚宝、金刚法。

广目天

a. 帝释天

多闻天

b. 梵天

增长天

持国天

天部

天部

■ 国宝
□ 重要文物

国宝 大威德明王
五大明王之一，阿弥陀如来的化身。能够征服一切的恶。有六面六臂六足，骑在水牛身上。

有6张面孔，每张面孔上有3只眼睛。

手中持有各种武器。

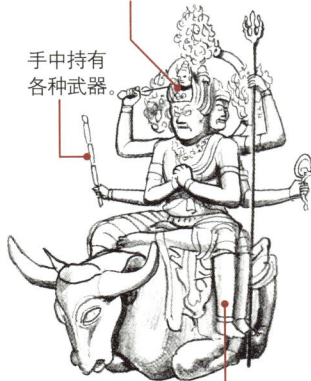

由于有6只脚，又被称为六足尊。守护西方。

国宝 降三世明王
五大明王之一，阿閦如来的化身，名字意为降服三恶（贪欲、瞋恚、愚痴）。

两手的小指在胸前缠绕，结成"降三世印"。

脚踏象征烦恼的大自在天与其妻乌摩妃。

守护四方的天部

所谓天部，是指守护救世之佛与佛教世界的守护神。四天王是其中的代表，但其实还包括许多成员。

国宝 a. 帝释天
佛法的守护神。他与阿修罗战斗的故事十分有名。

身披甲胄。

骑乘大象的姿态为密教独有。

国宝 b. 梵天
佛教的守护神。四面四臂。安放于须弥坛的东端。

有4张脸和4只胳膊。

坐于4只鹅托起的莲座上。

立体曼陀罗所在的讲堂本身已被指定为重要文物。讲堂位于东西宽255米、南北长515米的东寺中央，是整个东寺的中心。

现存唯一的平安时代大佛师定朝所造佛像

阿弥陀如来坐像

data
平安时代（天喜元年·1053 年）
平等院（京都）

看点
在此　确定为佛师定朝所造的
佛像只此一尊。

豪华的天盖装饰在
阿弥陀的头顶。

眼睛半闭半张。

肩膀下垂
坐姿放松。

两手在腹部前方交叠，
结成"阿弥陀定印"，表
现出深度冥想的状态。

横木上方的小壁上装饰
着云中供养菩萨（P101）。

寄木造。中间挖通，
肉体薄而匀称。

据平安时代中期的《定家朝臣
记》记载，该像作者为定朝。

国宝 阿弥陀如来坐像

平等院凤凰堂的阿弥陀如来坐像出自活跃在平安时代后期的佛师定朝之手，
是目前为人所知的唯一现存的定朝作品。佛像的体形没有任何夸张的不自然之
处，平衡感极佳，轻轻闭上的双眼带来安稳的神情，气度高雅，包裹肉体的衣
装也呈现出流水般的优美曲线。这些特征正是平安时代的贵族们追求的佛像之
美，也是他们喜爱定朝佛像的理由。这一样式也被誉为"佛的本样"，是贵族们
眼中佛像的理想造型，在此后百余年间一直是佛像雕刻的范本。

"寄木造"是定朝确立的技术革新

用超过两种木材组合制作头部和躯干等佛像的主要部分，这一造像技法就是寄木造。阿弥陀如来坐像也使用了这一技法，定朝被视作这一技法的确立者。

可以看到用来消除偏差的手法，比如部分耳朵使用了与头部不同的材料。

就算没有大树，也能制造巨大的佛像。如果众人分工，还能缩短制作时间。

阿弥陀如来坐像主要由前后左右四部分材料构成。

隐藏在本尊体内的物品

内部完全掏空，将象征清净之心的月亮与莲花座一同放入其中。

佛像内不受外部光线照射，莲花座的色彩也得以完整保留。

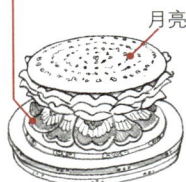

月亮

`国宝` 月亮与莲花座
(1053)

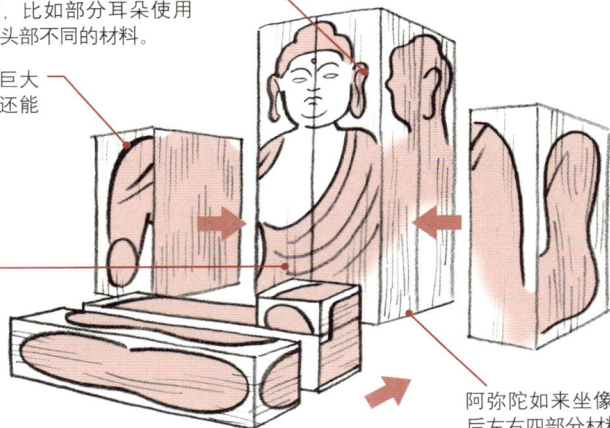

浅雕的衣纹也是特征之一

佛像外表的特征之一就是浅浅雕出的衣褶。安稳的风格受到贵族们的偏爱，在后来很长时间里，这都是佛造像的标准。

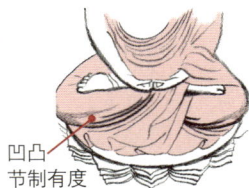

凹凸节制有度

凤凰堂是国宝汇集地

在阿弥陀如来坐像之外，堂内装饰的壁画、天盖，以及飞舞在天空中的云中供养菩萨等也都是国宝。堂内装饰荟集了当时工艺的精髓。

`国宝`
阿弥陀如来坐像

`国宝`
《凤凰堂壁扉画九品来迎图》

`国宝`
《天盖》
阿弥陀的头部上方。

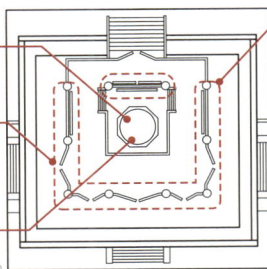

`国宝` 云中供养菩萨（全52尊）

北25号
手托莲花座，精致纤细，保存状态良好。

南1号
手持能打节奏的打击乐器"拍板"。

在相邻的平等院博物馆凤翔馆中，长期展示着云中供养菩萨像（全52尊中的一部分）、凤凰一对和梵钟国宝，此外还可欣赏利用数码技术制作的重现堂内景象的画面。

通过夕阳的光，戏剧般再现阿弥陀的来迎场景

阿弥陀三尊像

data
镰仓时代（建久 6 年·1195 年）
快庆
净土寺净土堂（兵库）

　　安放在兵库县净土寺净土堂里的阿弥陀三尊像是表现阿弥陀来迎场景的佛像。佛像最优美的时刻是在夕阳西下时，阳光从背后射入，阿弥陀三尊像被包裹在通红的光芒中。这一净土情景的重现，由净土寺的创建鼻祖重源和佛师快庆打造。在这里，人们能够切身体验到净土教的教义，即只要生前念佛，死后便能前往极乐净土。

内部刻有建久 6 年（1195）
4 月 15 日的日期和两百多
名结缘者的名字。

阿弥陀如来
像高 530 厘米。

观音菩萨
像高 371 厘米。

势至菩萨
像高与观音相同。

莲花

水瓶

左手向上，右手向下，由
于参考了中国的佛画，与
一般来迎像的印相相反。

卷起漩涡的金云座。光线从背
后射来时，三尊雕像就仿若乘
云浮于空中。

国宝 净土寺阿弥陀三尊像

102

严密计算太阳光，如佛光般照射三尊

为了能让背后射入的夕阳像佛光一样照射佛像，阿弥陀三尊像面朝东方，安放在净土堂几乎最中心的位置。

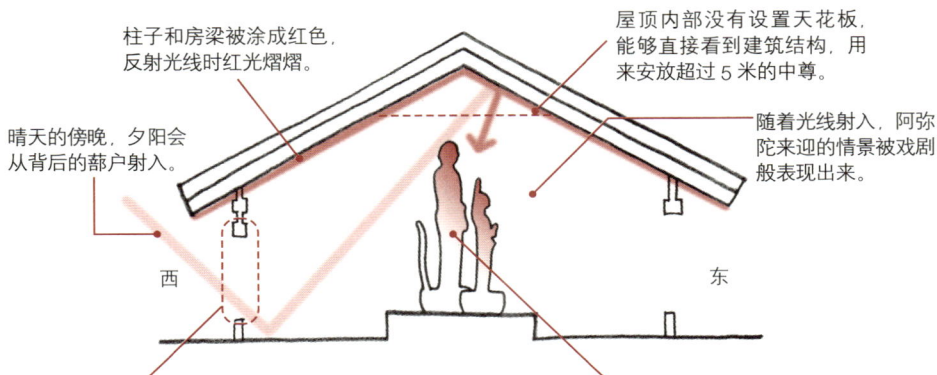

柱子和房梁被涂成红色，反射光线时红光熠熠。

屋顶内部没有设置天花板，能够直接看到建筑结构，用来安放超过 5 米的中尊。

晴天的傍晚，夕阳会从背后的蔀户射入。

随着光线射入，阿弥陀来迎的情景被戏剧般表现出来。

西

东

使用蔀户采光

所谓蔀户，是指木板两面均有格子窗的门窗。光线从三尊像背后的蔀户射入。

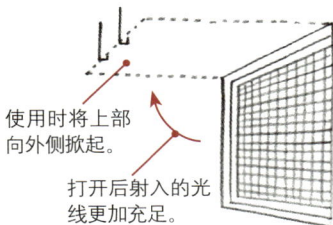

使用时将上部向外侧掀起。

打开后射入的光线更加充足。

中尊的制作也下足了功夫（背面）

为了让光线注入佛身，雕像的制作过程颇费心思。

光背中央空出，让光线通向正面。

拖着长尾腾腾升起的云。

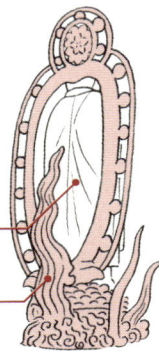

安放佛像的建筑本身也是国宝

安放三尊像的净土堂也是国宝。重源上人修建净土堂，是为了把这里作为东大寺重建的活动据点（称为别所）。与重源相关的大佛样建筑，包括净土寺净土堂在内，如今只剩下 4 座，格外珍贵。

建筑样式是重源学习中国宋代建筑后提出的大佛样。修建时对建材种类要求很低，高效又节约。

屋顶前方的屋檐平直不上翘，在日本建筑中十分罕见。

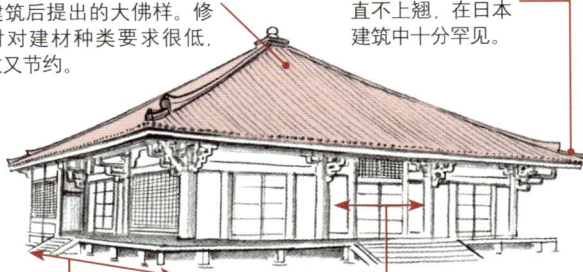

堂内为边长 18 米的正方形。

柱子之间距离宽阔。

国宝 净土堂（1194）

从神户电铁粟生线小野站前往净土寺，乘车需要约 10 分钟，步行约 1 小时。中午 12 点到 13 点之间不可参观，要特别注意。
参观时最好选择光照较强的日子，为了不错过时机，建议留出足够时间。

103

仅用两个多月完成！

运庆①与快庆②所造的惊人巨像

金刚力士立像

data
镰仓时代（建仁 3 年·1203 年）
运庆、快庆等
东大寺南大门（奈良）

立于东大寺南大门左右两侧的金刚力士立像高度超过 8 米，仅用超短的 69 天时间就完成了。这一惊人速度是由以运庆为中心的佛师们通过超高强度的共同作业才实现的。他们分工合作，将多块木材组合在一起（寄木造），时而加入大幅度修正。参拜者在仰望完成的雕像时能感受到压倒性的魄力。在昭和时代的解体修理中，人们明确了阿形像为运庆和快庆制作，吽形像为湛庆和定觉制作，但整体上的监督工作应该是由运庆承担的。

从日本最大的山门俯瞰参拜者

金刚力士立像的安放之地，是通向大佛殿的参道上的南大门。两尊雕像朝向大门内侧，似乎在俯视从下方穿过的人。

约 25 米

约 8 米

国宝 东大寺 南大门
（正治元年·1199）

面朝正面，右侧是吽形像。由于受到中国宋代绘画的影响，这里的配置与日本众多的仁王像相反。

分成大约3000 个部件的寄木造

吽形像由 3115 个部件构成，阿形像由 2987 个部件构成。

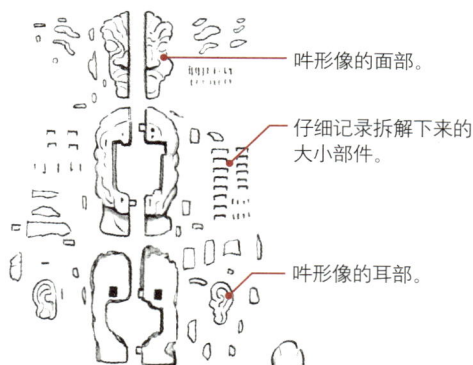

吽形像的面部。

仔细记录拆解下来的大小部件。

吽形像的耳部。

阿形像的背侧。从背后可以看到部件是怎样接合到一起的。

周防国（现在的山口县）的扁柏。

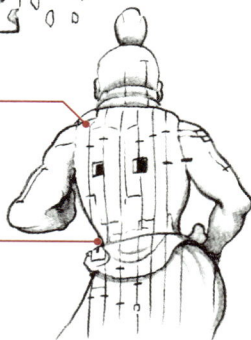

①运庆，活动于镰仓时代的佛师、僧人。
②快庆，日本镰仓时代的佛教徒与艺术家，庆派佛师，擅长佛教艺术创作。

大修揭开巨像的秘密

从昭和 63 年（1988）起，耗时 5 年的大修花费超过 5 亿日元。大修按照与制作时的相反的顺序进行，通过解体调查，各个方面均有全新发现。

国宝
阿形像

金刚杵
击碎烦恼、打退佛法之敌的密教法具。

嘴型为〝阿〞。这是人张开嘴后发出的第一个音。

金刚杵上刻有铭文，表明造像的大佛师是运庆和快庆。也有说法认为这一铭文同时指代两尊雕像。

天衣

平衡优美的阿形像，与快庆造像时的端正风格相符。

实物尺寸大致如此

足钏

国宝
吽形像

右肘高高抬起。

顶髻

嘴型为〝吽〞。这是闭嘴之前发出的最后一个音。

右胸内部发现的经文表明大佛师（指挥制作的佛师）为定觉和湛庆。

宝棒

腰向左扭，姿态中充满了跃动感，体现出运庆豪爽的特征。

原本衣着鲜艳？

阿形像的衣服背侧，也就是右膝后面的部分留有彩色。

绿色

不易受到风雨影响的位置。

白色

红褐色

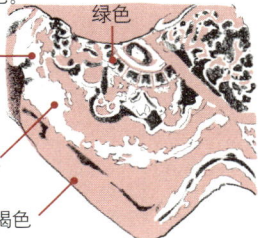

最终阶段也曾进行大胆修正

吽形像在雕刻基本完成时还进行过大幅度修正。

乳头的位置被向下移动。

留有原本的痕迹。

脖子和肚脐等部位都考虑到了下方参拜者的视角。

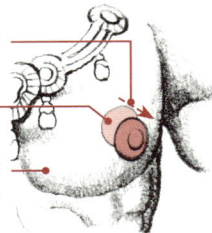

最好的参拜位置是从南大门中央通道仰望。从此处看到的金刚力士像平衡感最好，显得强健有力。

佛像的欣赏方法

明白特征，即可明白作用。

【菩萨】

修行中人，不知何时会开悟。为
拯救世人而行动。

例：P88 救世观音、P96 千手观音
坐像。

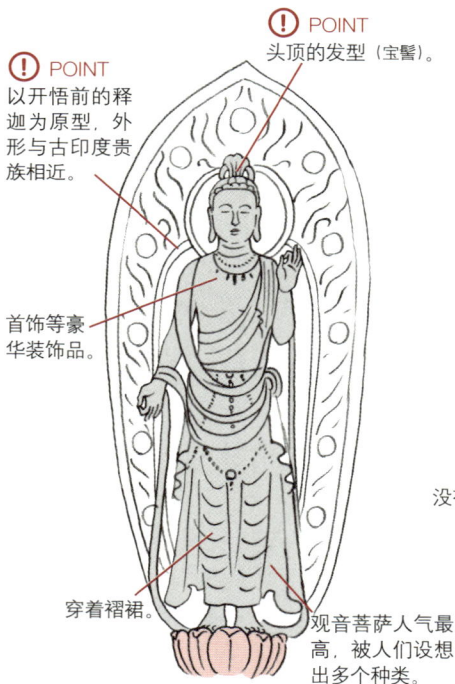

【如来】

已至开悟境地，佛教中地位最高。

例：P86 释迦三尊像中的释迦如来、
P100 阿弥陀如来坐像。

⚠️ POINT
头顶的发型（宝髻）。

⚠️ POINT
以开悟前的释
迦为原型，外
形与古印度贵
族相近。

首饰等豪
华装饰品。

穿着褶裙。

观音菩萨人气最
高，被人们设想
出多个种类。

⚠️ POINT
已经开悟，与欲望和华丽
无缘。身披朴素的布衣。

⚠️ POINT
像小波浪烫发
一样的螺发。

白毫（眉间的
白色卷毛）。

没有首饰。

以结束了漫长修行、已
经开悟的释迦为原型。

鉴赏要点

菩萨的特征包括温和的面庞、优美的体
格和一身盛装。但其中也有例外，比如
头发光秃、身穿袈裟、呈僧侣模样的地
藏菩萨，以及表情愤怒的马头观音等。

鉴赏要点

人们设想出了阿弥陀如来、药师如来等
各种如来，但基本要素共通。只有大日
如来（密教中地位最高的如来）外表奢华。

四者的作用

佛的世界分为四种，分别是引导并拯救众生的如来和菩萨，以及由如来变化而来、负责打倒邪恶的明王，还有守护佛界的天部。

悟道的等级

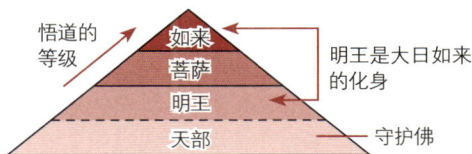

- 如来
- 菩萨
- 明王
- 天部

明王是大日如来的化身

守护佛

【天部】

有男女区别，担任守护神、保护佛教的主要是男性的天。

例：P99 梵天、帝释天，P104 金刚力士立像。

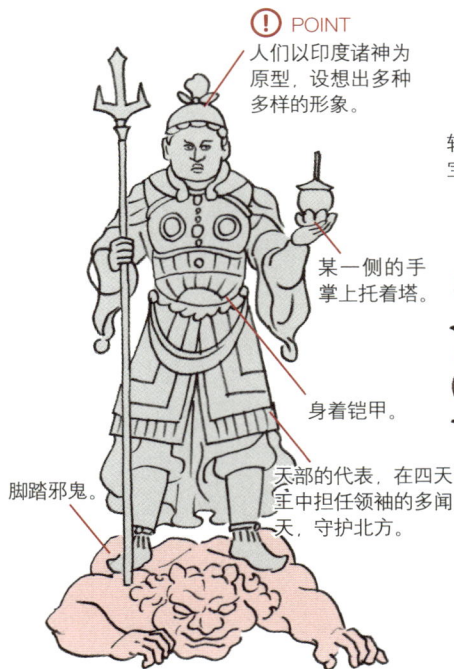

! POINT
人们以印度诸神为原型，设想出多种多样的形象。

某一侧的手掌上托着塔。

身着铠甲。

脚踏邪鬼。

天部的代表，在四天王中担任领袖的多闻天，守护北方。

鉴赏要点

天在姿态、外形和作用上都有若干种。在女神当中也有身穿铠甲的武神，很难找到各个天部之间的共通点。天部所持物品和脚下所踩邪鬼等细节也很有趣。

【明王】

大日如来的化身。如果仅凭慈悲无法完成拯救，就会面露愤怒与恶战斗。

例：P99 大威德明王、降三世明王。

! POINT
为了降伏恶而面露凶光，背负火焰。

斩断恶的宝剑。

! POINT
怒目圆睁。

明王中比较著名的要数不动明王，也被称为不动大人。

罥索（像套索一样的东西）

鉴赏要点

诞生于密教，着装与菩萨相近，但面带愤怒。其中也有像孔雀明王那样表情温和的明王。

第 4 章

建筑·历史资料

本章将介绍由神社、寺院和城郭等组成的国宝建筑。其中大多数都对公众开放，可以参观，这也是这些国宝的魅力所在。

历史资料类的国宝只有 3 件，本章将介绍其中的《庆长遣欧使节关系资料》。

世界上最古老的木建筑

法隆寺五重塔

data
飞鸟时代（7世纪末—8世纪初）
法隆寺（奈良）

法隆寺五重塔和与其
并排而建的金堂同为世界
上最古老的木建筑，并因
此而闻名。由于是用来保
存释迦遗骨（舍利）的建
筑，舍利容器过去曾放在
心柱下方的心础（固定心
柱的基石）中。心柱贯穿
整座塔，但并不与其他任
何架构相连，发挥出卓越
的抗震性能。虽然不能像
展望塔那样攀登，但我们
仍然可以一边仰望塔优美
的外观，一边体会那些参
拜塔与佛舍利的人虔诚的
信仰之心。

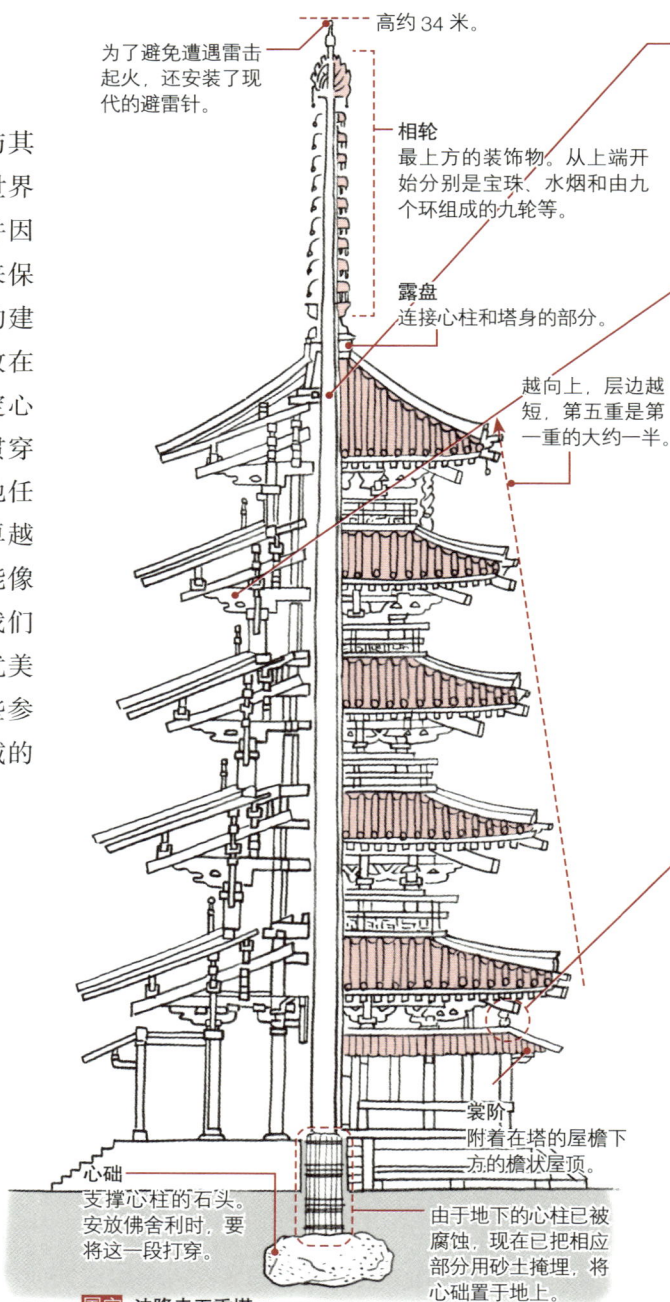

高约34米。

为了避免遭遇雷击
起火，还安装了现
代的避雷针。

相轮
最上方的装饰物。从上端开
始分别是宝珠、水烟和由九
个环组成的九轮等。

露盘
连接心柱和塔身的部分。

越向上，层边越
短，第五重是第
一重的大约一半。

裳阶
附着在塔的屋檐下
方的檐状屋顶。

心础
支撑心柱的石头。
安放佛舍利时，要
将这一段打穿。

由于地下的心柱已被
腐蚀，现在已把相应
部分用砂土掩埋，将
心础置于地上。

国宝 法隆寺五重塔

东京晴空塔也在使用的防震结构

法隆寺五重塔作为世界最古老的木建筑，创建以来从未倒塌，其秘密就在于东京晴空塔也在使用的防震结构。

心柱
贯穿塔中央的心柱长约32米，木材在大约第三重的位置相接。

四天柱
围绕中央的心柱而立。

云形肘木
施以云形装饰。

侧柱
四天柱的外侧立有12根侧柱。

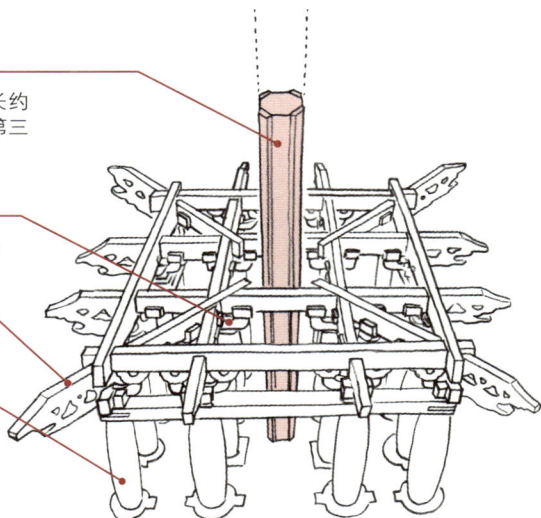

看点在此

心柱与其他构架之间完全没有接点，且留有空间。即使因地震或强风而摇晃，各层也相互独立，不会整体倒塌。

摇晃的样子像蛇？！

各层会错开时间左右交替摇晃，因为样子像蛇前行，也被称为"蛇舞"。

裳阶上的邪鬼

为了不让屋顶因重力下坠，各层屋檐前端都有支柱支撑。在第一重屋顶（裳阶）处可以看到邪鬼的身影，或许也有装饰的作用。

嘿哟！

法隆寺内国宝散步

法隆寺由世界最古老的木建筑群——西院伽蓝、以梦殿为中心的东院伽蓝和许多子院群组成。寺内拥有诸多国宝，看点极多。

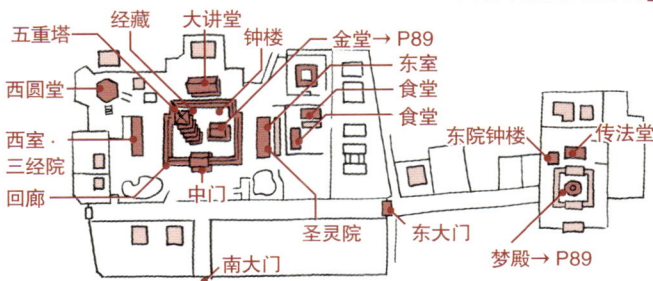

※ 标示为红字的都是 国宝

五重塔　经藏　大讲堂　钟楼　金堂 → P89
西圆堂　东室
西室·　食堂
三经院　食堂
回廊　东院钟楼　传法堂
中门
圣灵院　东大门
南大门　梦殿 → P89

法隆寺五重塔的第一层用塑像的方式表现了释迦的故事和弥勒净土的光景，覆盖东南西北四面，通常都可欣赏。塔身各处都值得一看。

仅次于法隆寺的古建筑
药师寺东塔

data
天平 2 年（730）
药师寺（奈良）

　　药师寺东塔是仅次于法隆寺的第二古塔，也是药师寺中唯一从创建当时保存至今的建筑。这座三重塔看起来有六层，因为各层都有名为"裳阶"的小屋顶重叠。这一组组大小屋顶形成的优美姿态，自古就受到人们的赞美，成为建筑典范。塔曾经历大修，将瓦和基坛全部解体并进行挖掘调查，已经在 2020 年完工。长年风吹雨淋、伤痕累累的部件得到了修缮，重现昔日风姿。

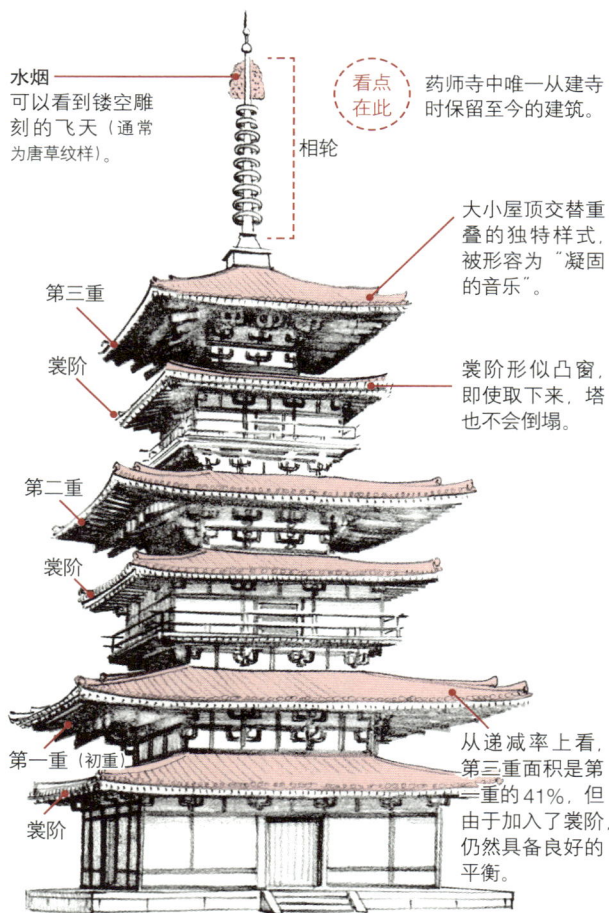

水烟
可以看到镂空雕刻的飞天（通常为唐草纹样）。

相轮

看点在此
药师寺中唯一从建寺时保留至今的建筑。

大小屋顶交替重叠的独特样式，被形容为"凝固的音乐"。

裳阶形似凸窗，即使取下来，塔也不会倒塌。

第三重

裳阶

第二重

裳阶

从递减率上看，第三重面积是第一重的 41%，但由于加入了裳阶，仍然具备良好的平衡。

第一重（初重）

裳阶

通过塔的配置判断时代

伽蓝的配置随时代变化。最初，供奉佛舍利的塔曾是伽蓝的中心，但后来，中心渐渐变成了供奉佛像的塔。

■ 塔　　　■ 讲堂
■ 金堂　　■ 中门

飞鸟寺（7 世纪初）

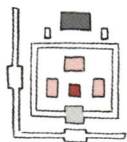

日本最古老的寺院，金堂将塔包围在中间。

药师寺（8 世纪前半）

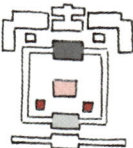

以金堂为中心，东西各有一塔。

唐招提寺（8 世纪后半）

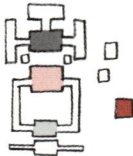

金堂仍在中心，但塔开始远离金堂。

精炼优雅的写实性
药师三尊像

data
8 世纪初
药师寺金堂（奈良）

位于东方的净土教主、药师琉璃光如来是为众生治病，使众生得到安乐的佛，在日本广受崇拜。药师寺的药师三尊像是一尊体格匀称的铜造镀金佛，采用了中国初唐时期的佛像样式，追求自然的肉体表现。与同时代的佛像相比，这种洗练风格具有飞跃性的完成度，受到后世的高度评价。

中尊两侧的菩萨立像

日光、月光菩萨立像呈现出的侧头扭腰的姿势称为三曲法。

身体的倾斜方向在头部、上半身和下半身发生 3 次变化。

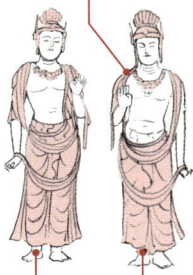

月光菩萨　　日光菩萨

国宝 药师三尊像 胁侍

看点在此

金光闪闪的光背。

高超的铸造技术出色地表现出佛舒展自然的体态。

挺拔的身躯、自然的肉体。

肌肤上的镀金几乎都已脱落，呈现出光润的黑褐色。

佛手上的指蹼等身体特征都得到表现。

左手结施无畏与愿印。

佛教的打坐法之一，称为结跏趺坐。

古代的药师如来中也有不拿特殊药壶的。

国宝 药师三尊像 中尊

关于药师三尊像的来历，曾经存在两种意见，一种认为是从藤原京搬来的，一种认为是平城迁都后新造的。近年研究表明，藤原京的药师寺在迁都后仍然存在了很长时间，因此新造的说法应该更加可靠。

守护千余年宝物的古代仓库

正仓院正仓

data
奈良时代〔8世纪〕
正仓院〔奈良〕

国宝 正仓院正仓

看点在此

8世纪建的木造仓库存留至今，守护着已逾千年的宝物。

各仓正面各有一个入口。

南仓

中仓

地板距离地面约 2.7 米的高床式仓库。

结实的校仓造仓壁

北仓和南仓是由三角形木材组成井字形的校仓造。结实的仓壁和高床式结构让宝物免受潮湿和虫害困扰。

组装时将三角形的顶点向外。

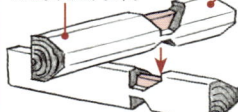

三角形的外侧面可遮挡日光，抑制室温上升。

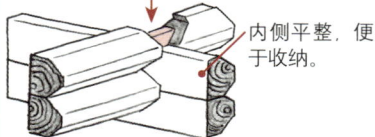

内侧平整，便于收纳。

守护宝物的杉木唐柜

宝物放置在名为唐柜的容器中，这种容器可以守护宝物免受湿度变化和虫害影响。仓库和唐柜是宝物的双重保镖。

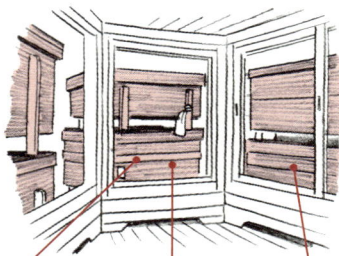

多数为杉木制。湿度保持在70%左右。

其中的宝物都已搬走，但唐柜仍摆放在这里。

明治时代从德国订购的玻璃柜。

只有天皇许可，宝库的门才能打开，这一定期检查保护宝物的制度已有超过1250年的历史。如今，这里仍会迎接天皇的使者，举行"开封之仪"和"闭封之仪"。

时隔 100 年的屋瓦修理

2011 年，正仓院开始进行为期 4 年的旧瓦更换工作。在日照良好的南面，人们将天平时代初建时的瓦重新利用，铺在雨水较少流过的两端。

天平瓦　　现代瓦（传统制法）　　本瓦葺下方重叠着土居葺[1]和野地板[2]，以防漏雨等

镰仓·室町·江户瓦　　室町·江户·明治·大正瓦　　现代瓦（现代制法）

北仓

内部为两层。

40 根束柱，其中有一部分曾在镰仓时代更换过，其他都是初建时的原件。

全长 33 米。

直径 60 厘米。

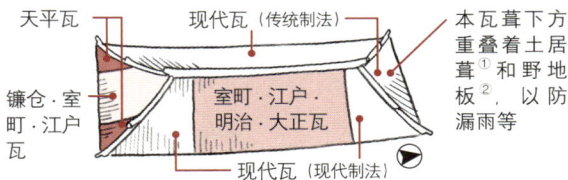

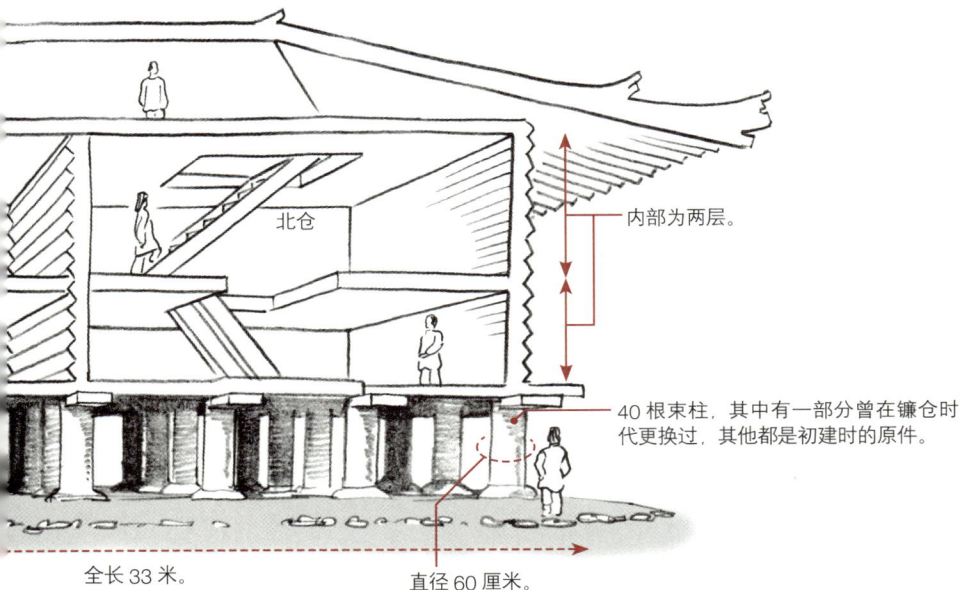

并未成为国宝的宝物

宫内厅管理的宝物不会成为国宝。正仓院宝物的管理由宫内厅正仓院事务所负责。

琉璃杯　　螺钿紫檀五弦琵琶

宝物拥有丰富的国际色彩，包括源自印度的五弦琵琶和产自波斯的玻璃器皿。

　　圣武天皇曾借佛教祈祷国家安定，并为此建起东大寺大佛。在他去世后，悲伤万分的光明皇后将天皇的遗物奉于东大寺内，通过供奉佛祖来祈祷亡夫的冥福与民众的幸福。这被认为是正仓院宝物积累的开始，约有 9 千件宝物就这样传承至今，包括天皇喜爱的遗物，以及庆祝大佛建成的开眼仪式上使用过的物品等。现存的各种古代遗物大都是从地下发掘出来的，像正仓院宝物这样收藏在仓库中且已逾千年的情况，在世界范围内也不多见。因此，宝物自不用说，连守护宝物的正仓院本身也十分贵重，如今仍然在被不断修缮，重点保护。

①土居葺：指用薄板来铺葺屋顶，承托上方的瓦。
②野地板：支撑瓦片等屋顶材料的未经涂装的底板。

极尽奢华，在现世再现极乐净土

平等院凤凰堂

data
平安时代（天喜元年·1053 年）
平等院（京都）

如今，立于凤凰堂之上的是第二代凤凰像。第一代凤凰像为国宝，放在相邻的凤翔馆中展示。

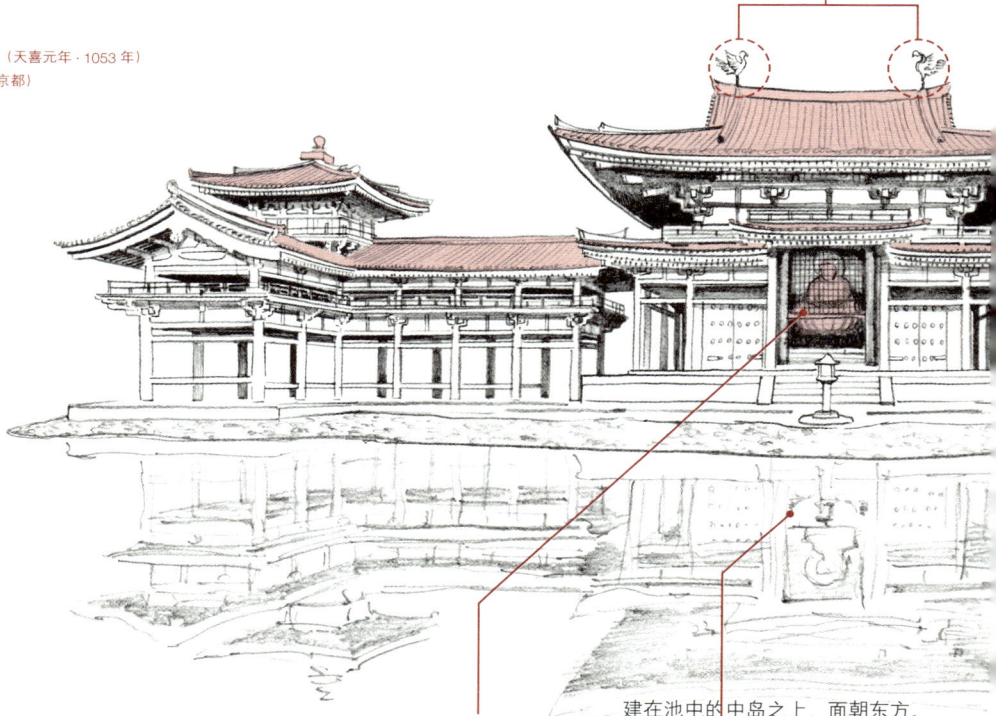

国宝 平等院凤凰堂

安放阿弥陀如来坐像的中堂，背后建有尾廊。

建在池中的中岛之上，面朝东方。站在对岸参拜，这里就会成为通往阿弥陀西方极乐净土的入口。

末法思想是平安时代的诺斯特拉达穆斯[1]预言？

人们认为世界从 1052 年起就进入了末法时代，凤凰堂便创建于 1053 年。在无法挽救的现世再现极乐净土，人们想要借此展现出信仰的深厚。

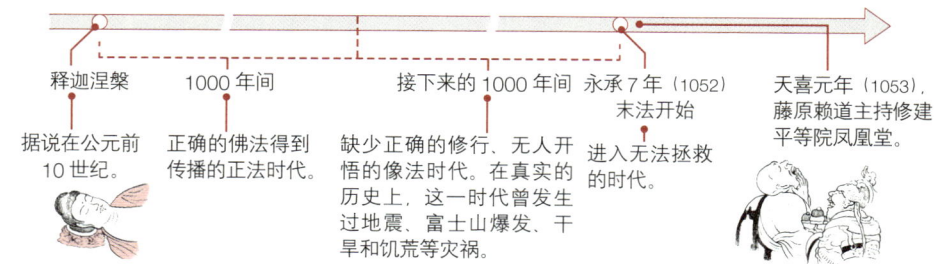

释迦涅槃

据说在公元前 10 世纪。

1000 年间

正确的佛法得到传播的正法时代。

接下来的 1000 年间

缺少正确的修行、无人开悟的像法时代。在真实的历史上，这一时代曾发生过地震、富士山爆发、干旱和饥荒等灾祸。

永承 7 年（1052）末法开始

进入无法拯救的时代。

天喜元年（1053），藤原赖道主持修建平等院凤凰堂。

🔍 凤凰堂的内部参观从上午 9 点 10 分开始接受登记，之后每 20 分钟可接待 50 人入内。在参观者较多时，最终登记可能会于 16 点 10 分前结束，还是尽早参观比较安心。

[1]法国籍犹太裔预言家，留下以四行体诗写成的预言集《百诗集》，有研究者从这些短诗中"看到"不少关于历史事件（如法国大革命、希特勒之崛起）及重要发明（如飞机、原子弹）的预言。

以极乐净土为主题的建筑，在现世将其完全再现。

金光灿灿的凤凰

立于屋顶的一对凤凰曾经金光灿灿，头部附有羽毛状装饰。

头部有 32 个小洞。

颈戴宝珠。

复原图

向左右伸展的翼廊，仿佛凤凰展翅。

呈现救人于痛苦的极乐净土的想象，并将此中光景立体化。

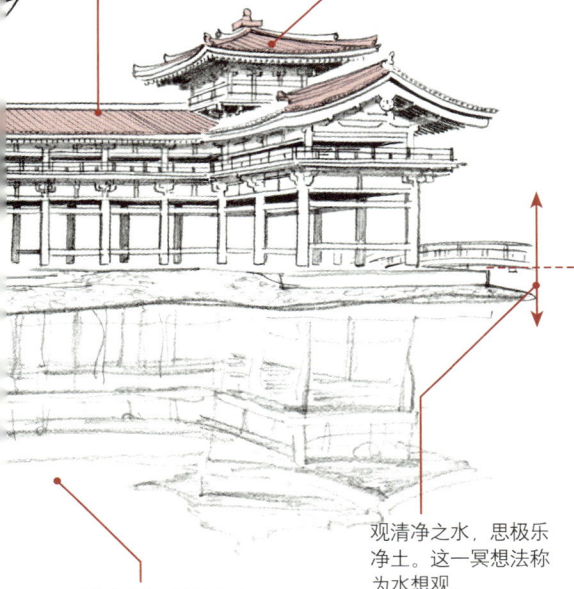

观清净之水，思极乐净土。这一冥想法称为水想观。

倒映在池中的凤凰堂宛如飘浮在空中，能够让人切身感受到极乐的景象。

释迦涅槃后，随着时间的推移，正确的佛法将会从世间消失——这被称为末法思想。根据平安时代末期的说法，释迦涅槃两千年后，即从 1052 年开始，世界进入末法之世，并将持续到 56 亿 7000 万年后，即弥勒菩萨出现为止。当时的人们对末法之世的到来十分恐惧。

平等院凤凰堂是为了寄托极乐往生的愿望、再现净土光景而修建的。凤凰堂中央安放着阿弥陀如来坐像，头顶上的豪华天盖熠熠生辉，堂内之美让人感觉极乐净土应该也不过如斯。这是将平安时代贵族梦中的净土光景传递至今的宝贵遗产。

平安贵族钟爱的位置

平等院的所在地是位于京都和奈良之间的宇治。宇治与京都之间交通方便，风光明媚，曾是平安贵族们的别墅选地。

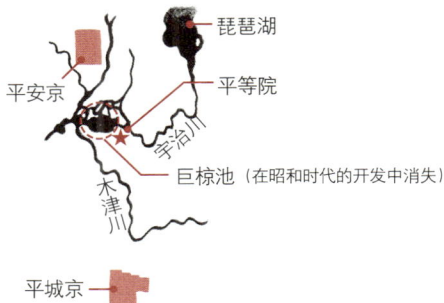

琵琶湖

平等院

平安京

宇治川

巨椋池（在昭和时代的开发中消失）

木津川

平城京

三佛寺奥院（投入堂）

data
平安时代后期（12 世纪前后）
三佛寺（鸟取）

看点
在此 — 修建于没有重机械的时代，历经超过 900 年风雨。

建在三德山半山腰，海拔 470 米的崖洞内。

堂内曾安放藏王权现立像。

三层破风重叠的扁柏树皮屋顶。

传说，将自然信仰与佛教融合的修验道的开山鼻祖役行者，用法力将投入堂从平地投掷到了山崖上。

根据年轮的年代测定结果，木材是在 11 世纪后半到 12 世纪前半采伐的。

绕过最后的巨大岩石，此前被遮挡的投入堂突然出现在眼前。

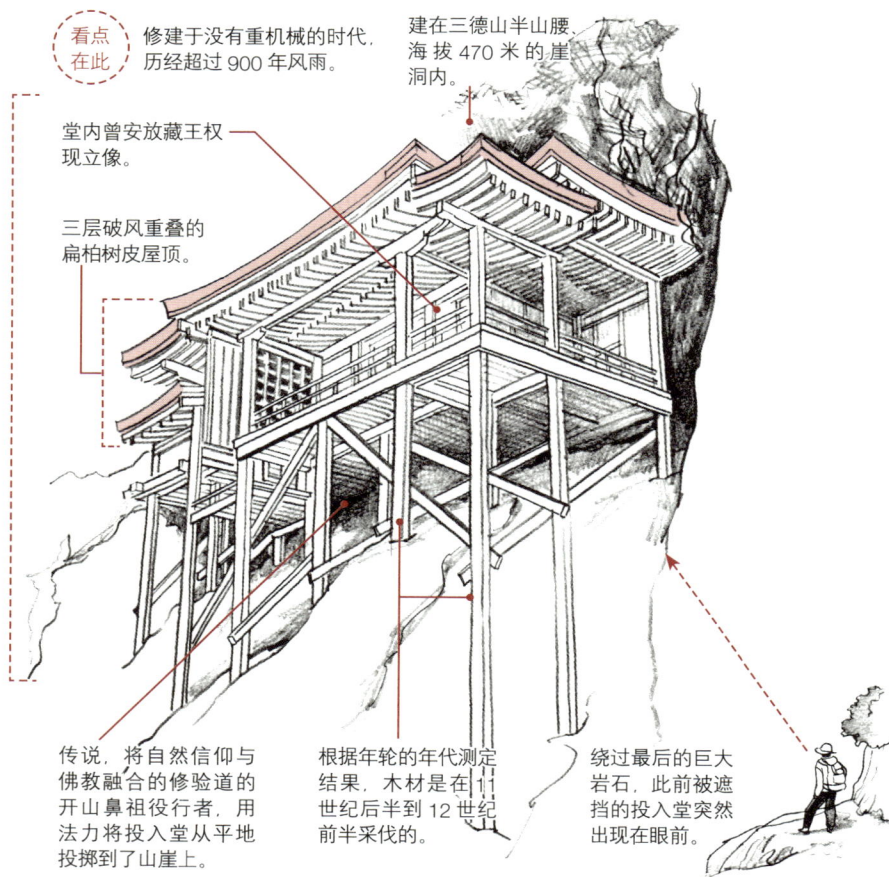

投入堂是平安时代后期建于三德山海拔 470 米处多岩地带的建筑，传说是由修验道的开山祖师役行者将建筑用法力嵌入岩洞中而成，故得此名。长短各异的细柱产生出一种节奏感，让建筑仿佛飘在空中般轻巧自得。想要仰望整个投入堂，就必须登上容易打滑的陡坡，不时还要抓住树根攀爬。途中是看不到投入堂的，只有爬到终点不动堂，才能看到它的身影。这是伴随着滑坠的危险、历尽艰难才能抵达的国宝建筑，也是依斜壁而建的"悬造"技术的代表。

通向绝壁上的神秘之堂的道路

三德山是山阴地区山岳信仰的中心。自古以来，修行者们就在这座山上钻研积累。投入堂是这里的象征，也是山阴地区最古老的建筑。此外，从山麓到半山腰，还有许多佛堂坐落其间。

安放修验道的本尊

堂内曾经安放 7 尊修验道的主尊藏王权现。

本尊展现出京都风格的洗练特征，是平安时代的代表范例之一。

重要文物
藏王权现立像（1168）

虽为单脚站立，但姿势并无极端的夸张，看上去精致典雅。

国宝
投入堂
国宝
（附）爱染堂

一般参拜者只能走到这里。

不动堂
终于能够看到投入堂。

元结挂堂
观音堂

重要文物
地藏堂

钟楼堂

重要文物
纳经堂

重要文物
文殊堂

锁链坂

藤蔓坂

在拥有绝妙风景的文殊堂小憩

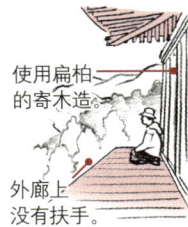

使用扁柏的寄木造。

外廊上没有扶手。

野际稻荷
（十一面观音堂）

险坡

有若干处艰险的坡道。多岩地区的道路容易打滑，参拜登记处的商店有草鞋出售。

锁链坂需要抓住锁链攀登。

本堂
投入堂参拜登记

三佛寺

轮光院

皆成院

宝物殿
曾经安放在投入堂里的藏王权现立像可从这里看到。

登山参拜往返需要 90 分钟到 120 分钟。为了以防万一，必须两人以上一起攀登。如果独自前来，需要和在场的其他人共同行动。

119

将奥州藤原氏的荣华传递至今的贵重佛堂

中尊寺金色堂

data
平安时代（天治元年·1124 年）
中尊寺（岩手）

有四个面的三角形屋顶上方承托着宝珠。

从框架到屋檐前端全部涂满黑漆，外贴金箔。

佛堂内外主要部分全部贴满金箔，这在文献记载中别无他例。

这么多黄金从何而来？

奥州的黄金出产历史悠久，自奈良时代以来就是日本最大的黄金产地。奥州藤原氏凭借沙金积累了巨大的财富。

国宝 中尊寺金堂

5.5 米。

豪华绚烂的堂内装饰

豪华绚烂不仅限于佛像。堂内的每根柱子都有超过两千件螺钿的装饰，处处传达着古时的荣华。

施以螺钿和莳绘装饰的四根柱子。

纤细的螺钿工艺，贝片总数多达27 000 千片。

内阵天花板以格子环绕，在黑漆上施以金箔。

阿弥陀如来坐像，展现平安时代贵族的喜好，造型丰满圆润。

四根柱子上共有48 尊菩萨像。

基坛上刻有孔雀浮雕。

基坛中曾安放第四代泰衡的首级匣（重要文物）。其中供奉着多达 100 颗莲花种子，并在时隔 800 年后开花。莲花被种在中尊寺的池中，称为中尊寺莲。

引导人们前往极乐净土的全金色阿弥陀堂

中尊寺是为将死于战争的生命引向极乐净土而修建的。金色堂在建造时从京都招募了一流的工匠，试图再现极乐净土的模样。

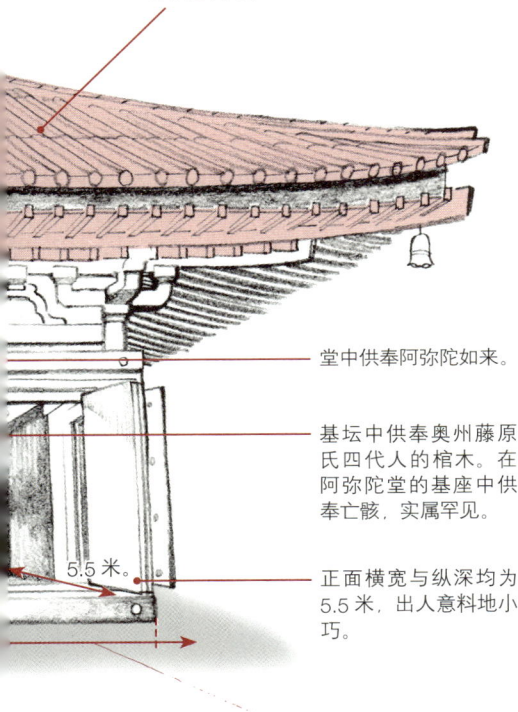

屋顶用瓦形木板葺成。由于后人加盖覆堂进行保护，屋顶整体保存状态良好。

堂中供奉阿弥陀如来。

基坛中供奉奥州藤原氏四代人的棺木。在阿弥陀堂的基座中供奉亡骸，实属罕见。

5.5米。

正面横宽与纵深均为5.5米，出人意料地小巧。

岩手县平泉的中尊寺金色堂是奥州藤原氏之祖藤原清衡主持建造的阿弥陀堂。堂如其名，从天花板、地面到墙壁内外，甚至连房檐内侧都被金箔覆盖。当时，奥州是日本著名的黄金产地，清衡以自身的财力用黄金和螺钿将佛像装饰得格外优美。清衡死后，这里成了供奉奥州藤原氏四代人遗骸的庙堂，并奇迹般地免于源平合战等战火，保存至今。堂中的空间源于人们对极乐往生的悲切愿望的祈祷，仿若此世的净土。

供奉三代人金棺的 3 座须弥坛

正面中央为第一代清衡，右侧为第二代基衡，左侧为第三代秀衡。

中央：第一代清衡坛
共安放 11 件佛像。

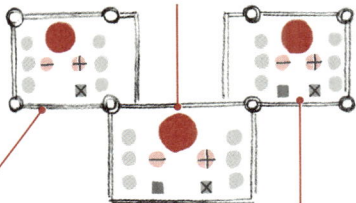

西南坛：第三代秀衡
基衡之子。帮助源义经藏身，对抗源赖朝。

西北坛：第二代基衡
清衡之子。须弥坛的大小与西南坛相同，都比中央坛稍小。

● 阿弥陀如来　＋观音菩萨　－势至菩萨
● 地藏菩萨　✖持国天　■增长天

海上的盛大祭神
严岛神社

　　严岛神社相传是于平安时代末期，即推古元年（593）在海上建起的壮丽社殿。在对严岛神社抱有虔诚信仰的平清盛的资助下，我们今天所见的形似寝殿造的豪华社殿得以诞生。建筑后来遭遇火灾，于 13 世纪重建。到了 16 世纪，毛利元就主持重修了本社本殿，将其恢复到创建时的样式。如今，其中有 6 栋建筑被指定为国宝。平成 8 年（1996），严岛神社的优美景观获得高度评价，被列入世界文化遗产名录。

神社的象征：大鸟居

data
镰仓—室町时代（13—16 世纪）
严岛神社（广岛）

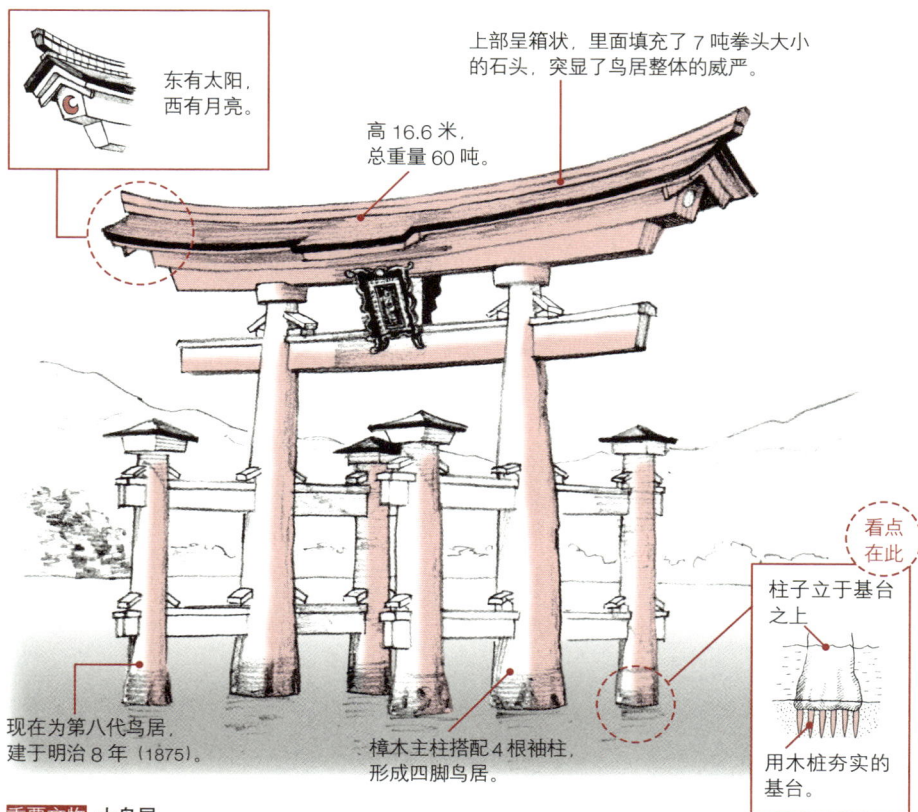

东有太阳，西有月亮。

上部呈箱状，里面填充了 7 吨拳头大小的石头，突显了鸟居整体的威严。

高 16.6 米，总重量 60 吨。

看点在此

柱子立于基台之上

现在为第八代鸟居，建于明治 8 年（1875）。

樟木主柱搭配 4 根袖柱，形成四脚鸟居。

用木桩夯实的基台。

重要文物 大鸟居

122

保留平清盛建造之姿的海上社殿

宫岛以岛内的最高峰弥山为中心，自古以来就是信仰的对象。由于忌讳在神明居住的岛上修建社殿，严岛神社被建到了海上。用心的设计让当初的模样保留至今。

国宝 红字标示的建筑

回廊里随处可见的"8"

柱子间距 8 尺
(约 2.4 米)

币殿

本殿

西回廊

回廊宽 4 米，东西总长约 275 米。

拜殿

被殿

高舞台

平舞台

东回廊

每一间有 8 块板

板与板之间留有缝隙。水位一旦上升，水就会从缝隙间流过，结构与木筏相似。

火烧前

入口

退潮时可以步行到大鸟居下。从火烧前到大鸟居大约 160 米。

退潮时，这一带是最佳摄影点。

神明镇座的本殿

神明镇座的场所。本殿建在即使涨潮也不会被水淹没的地方，主祭神为市杵岛姬命、田心姬命和湍津姬命这三位女神。

平氏灭亡后，严岛神社在源氏、足利氏和毛利氏等历代当政者的保护下留存至今。

币殿
供奉的场所

拜殿
祈愿的场所

生命力依旧的高舞台

被殿前方高出一层的高舞台现在依旧用于各种公演。

在农历 6 月 17 日，这里会举行被称为管弦祭的祭典。据说来源于平清盛对都城管弦游戏的模仿，是日本三大船祭之一。

看点
在此

长 120 米的本堂内复原了超过一千尊佛像，一直保存至今。

国宝
千体千手观音菩萨立像
在本尊左右各有 500 尊，在中尊背后有 1 尊，共计 1001 尊。

建长元年（1249）的火灾烧毁了多数菩萨立像。当初造的立像只有 124 尊保留至今，其余皆为镰仓时代重造。

平安时期的作品表情平和，成为重造时的范本。

共有 10 层基坛，每层有 50 尊立像。

平安时期的作品表情温和，五官较大。

庆派、院派和圆派共三派佛师参与了佛像重造。

多变的千手观音

佛的形态可大致分为四种，其中一边修行、一边引导众生前往没有苦难的世界的，就是"菩萨"。观音菩萨是其中的代表，也分为若干形态。

圣观音
观音本来的姿态，拥有一张脸和两只手。

十一面观音
为了拯救众生，面孔朝向每个方向进行守护。

千手观音
为拯救更多人，在 11 张脸的基础上，加上了千手与千眼。

头上有 11 张脸，胁手有 42 只，这是一般的千手观音的模式。

湛庆去世前两年（82 岁）的作品，采用扁柏制作，寄木造。

国宝
千手观音菩萨坐像　湛庆，建长 6 年（1254）

2017 年 12 月，历时约 45 年的千体千手观音像的修缮保存工作结束。借此契机，2018 年 3 月，千体千手观音像从重要文物被变更为国宝。

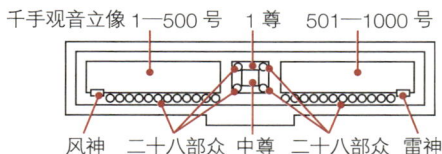

室内的诸像配置

千手观音立像 1—500 号　　1 尊　　501—1000 号

风神　二十八部众　中尊　二十八部众　雷神

千余尊佛像并立的日本最长木建筑

莲华王院本堂
（三十三间堂）

data
镰仓时代（文永 3 年·1266 年）
妙法院（京都）

莲华王院本堂因内阵柱间有 33 段，而被称为三十三间堂，是日本最长的木建筑。最初在后白河法皇的命令下于平安时代末期修建，后毁于火灾。镰仓时代重建时，由运庆的长子湛庆制作千手观音菩萨坐像和一千尊千手观音菩萨立像，重新安放在堂中，基本保持了最初的规模。佛像的数量如此之多，是因为人们相信寺院和佛像越多，功德就越大。这样的规模让人不禁感叹，后白河法皇往生极乐净土的愿望是多么强烈！

国宝

二十八部众像
与风神雷神同为千手观音的眷属（随从），在风神和雷神之间排成一行。

日本最长的国宝建筑

后白河法皇命令平清盛在御所的法住寺殿修建的寺院。现在由妙法院管理。

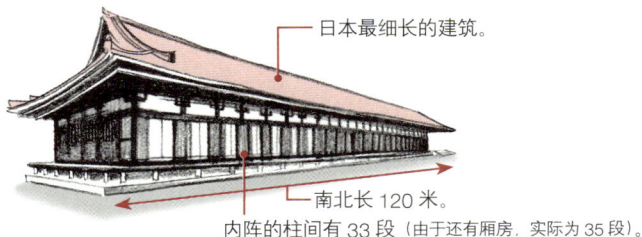

日本最细长的建筑。

南北长 120 米。

内阵的柱间有 33 段（由于还有厢房，实际为 35 段）。

国宝 莲华王院本堂

东山文化的原点与"和室"的起点在此

银阁 ／ 东求堂

看点
在此

义政将自身审美和汉文化融合修建的楼阁建筑。

屋顶有凤凰像装饰。

窗框的上部是装饰性的花灯窗。

被称为"潮音阁"的二层是铺有木板的佛间，安放着木制观音菩萨坐像。

一层被称为"心空殿"，呈现出住宅风格。

因与义满的金阁形成对比，所以得银阁之名，但建筑上并没有贴过银箔的痕迹。

倒映在对面的锦镜池中。夜晚会在水面上看到摇晃的月影，修建设计时应该也考虑了从屋内眺望的景象。

国宝 银阁

data
银阁：延德元年〔1489〕
东求堂：文明 18 年〔1486〕
慈照寺〔京都〕

　　室町幕府第八代将军足利义政模仿在北山修建宅邸的祖父义满，在东山修建了隐遁后的山庄。在审美上自有讲究的义政亲自安排了庭园中的石头与树木的配置，对修建工作倾尽热情。在义政死后，山庄被改造为禅寺，变成了慈照寺（通称银阁寺）。创建时的建筑大多在后来的战火中烧毁，现在只剩下曾用于举行宗教仪式的银阁和按照住宅风格建造的东求堂。在今天，代代足利家的将军们修建的宅邸已所剩无几，而这些室町时代的建筑将义政的审美传递至今，具有宝贵的价值。

"和室"的原点：东求堂同仁斋

这里曾经是义政的持佛堂兼书斋，保留着东山殿创建时的姿态。名字取自佛典中"东方之人念佛祈求往生西方"的内容。

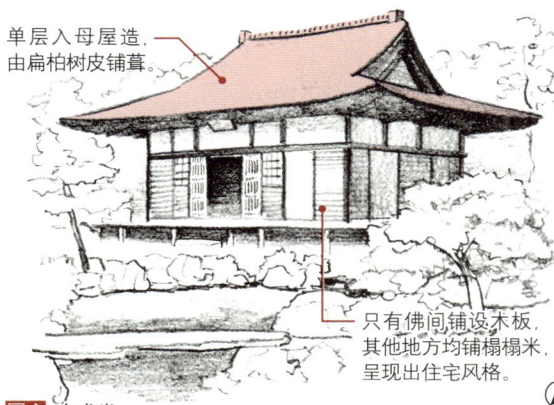

单层入母屋造，由扁柏树皮铺葺。

以佛间为中心，由 4 个房间组成。其中四帖半的房间"同仁斋"因"四帖半和室之源"的身份而闻名。

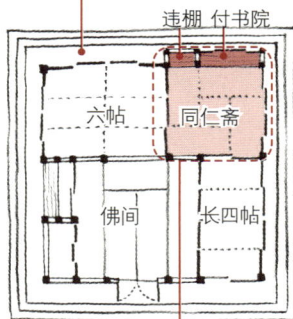

违棚 付书院

六帖　同仁斋

佛间　长四帖

只有佛间铺设木板，其他地方均铺榻榻米，呈现出住宅风格。

国宝 东求堂

看点在此

书院造的先驱 "同仁斋"

这里的配置虽然与后来的书院造相反，但四帖半的房间里配置了违棚和付书院。在同时具备这两个配置的建筑中，同仁斋是最古老的。

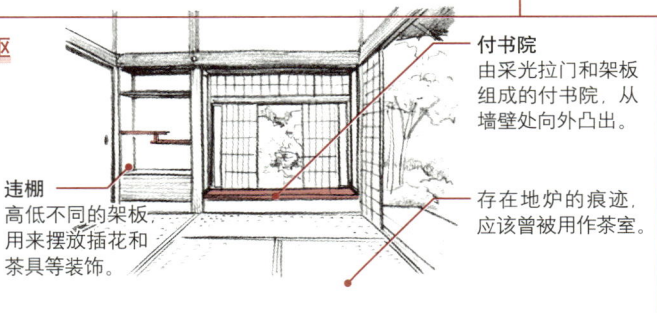

付书院
由采光拉门和架板组成的付书院，从墙壁处向外凸出。

违棚
高低不同的架板，用来摆放插花和茶具等装饰。

存在地炉的痕迹，应该曾被用作茶室。

在寺内散步，品味枯淡之美

沿着被银阁寺围墙包围的通道前行 50 米，向月台和银沙滩就会出现在眼前。面朝锦镜池修建的，正是国宝银阁和东求堂。让我们一起在昔日将军的隐遁之家中散散步吧。

国宝 东求堂

展望台

本堂

铺设白沙的银沙滩。

由超过 10 吨的沙子堆建的向月台。

两者均为江户时代前期改建时设置。虽然在义政的时代并不存在，却与银阁十分协调。

银阁寺围墙

国宝 银阁

银阁通常不对外开放，但是东求堂可在春秋两季的特别开放时参观。义政倾注心血的庭园会在四季展现出不同的美，被指定为国家特别史迹。

现存最古老的利休茶室，虽然狭窄，却传递着"侘寂"的丰富

待庵

data
桃山时代（16 世纪）
妙喜庵（京都）

　　待庵被视为现存唯一由千利休所建的茶室，也是现存最古老的茶室。关于茶室的来源有两种说法，有人认为是丰臣秀吉在天正 10 年（1582）的山崎之战时命令利休在茶室如今的所在地修建的，也有说法认为现在的待庵是将原本位于山崎利休宅邸中的茶室迁移过来的。室内虽然仅有 2 帖大小，却随处可见并不会让人感到局促的匠心，悉心的设计营造出简朴的氛围，让利休的"侘寂"精神传递至今。

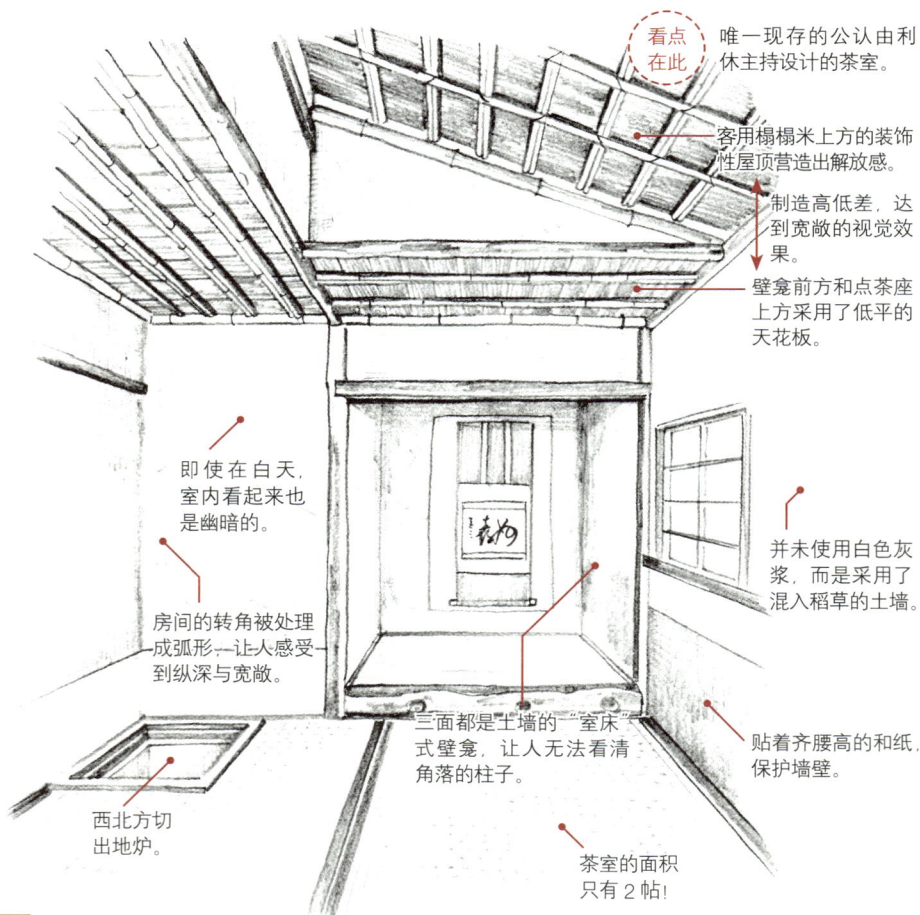

看点
在此

唯一现存的公认由利休主持设计的茶室。

客用榻榻米上方的装饰性屋顶营造出解放感。

制造高低差，达到宽敞的视觉效果。

壁龛前方和点茶座上方采用了低平的天花板。

即使在白天，室内看起来也是幽暗的。

并未使用白色灰浆，而是采用了混入稻草的土墙。

房间的转角被处理成弧形，让人感受到纵深与宽敞。

三面都是土墙的"室床"式壁龛，让人无法看清角落的柱子。

贴着齐腰高的和纸，保护墙壁。

西北方切出地炉。

茶室的面积只有 2 帖！

国宝 待庵

2 帖茶室中设计的光线效果

茶室的基本大小为 4 帖半，但利休的待庵只有 2 帖。两个成年人对坐时，距离必然会缩短。在这样的空间内，客人是背窗而坐的，自然光照在主人身上，客人会自然而然地全神贯注盯着主人。

厨房（1帖）

壁龛

次之间
（1帖）

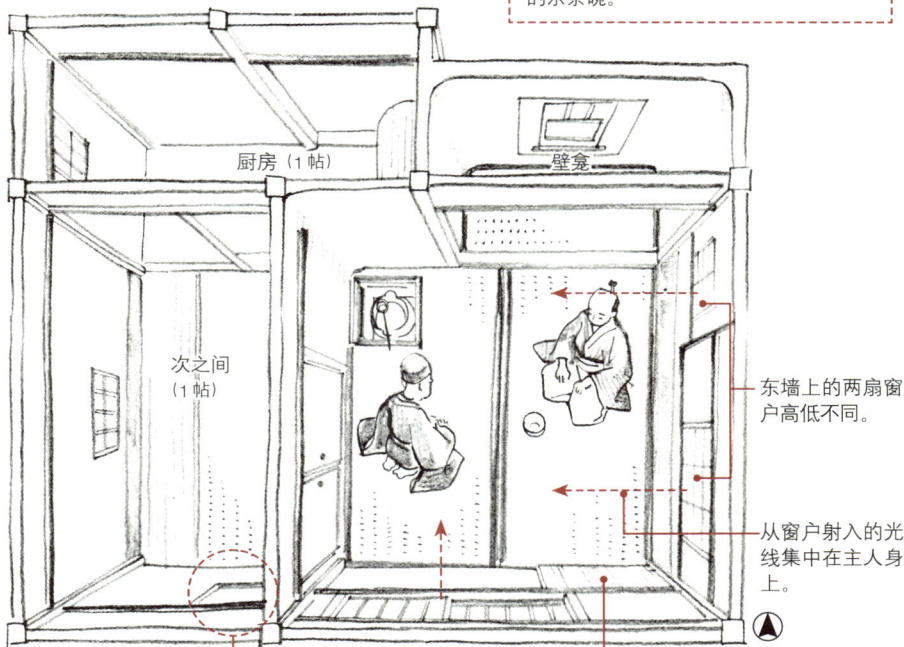

东墙上的两扇窗户高低不同。

从窗户射入的光线集中在主人身上。

风格朴素的"下地窗"

涂抹外墙时，露出作为墙胎的竹子，形成窗户。据说利休是因为看到了茅草屋破败的墙壁，才想到把这一设计用在茶室中。

将带皮的芦苇和竹子编成格子状。

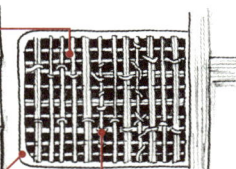

边缘圆润而带有弧度。

在各处缠上藤蔓，营造风情。

蜷身门也是利休的发明

无论身份多高，都必须躬身进出。

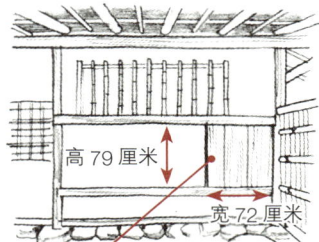

高 79 厘米

宽 72 厘米

关上门板，就变成了一小面墙壁。

茶室待庵位于临济宗寺院妙喜庵的庭园中。如果事先申请，可以欣赏到茶室外观。附近的大山崎町历史资料馆里有待庵的 1:1 等大模型。

可从四面攻击敌军的"连立式天守"

城的象征——天守（天守阁）在防御功能上也十分重要。天守的建筑样式大致可分为四种，姬路城属于大天守连着小天守和渡橹的"连立式天守"。

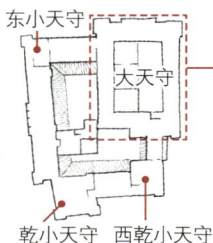

东小天守

大天守

乾小天守　西乾小天守

国宝
大天守

破风上的悬鱼装饰是日本最大的。

白鹭城"白"的秘密

白色墙壁上涂的是灰浆。此前的灰浆糊原料为大米，价格极高，后来以海藻代替，降低了成本。这让大量生产和使用都成为可能。

国宝
乾小天守

国宝
波之渡橹

国宝
西小天守

高 14.8 米的石垣带来无与伦比的规模感。

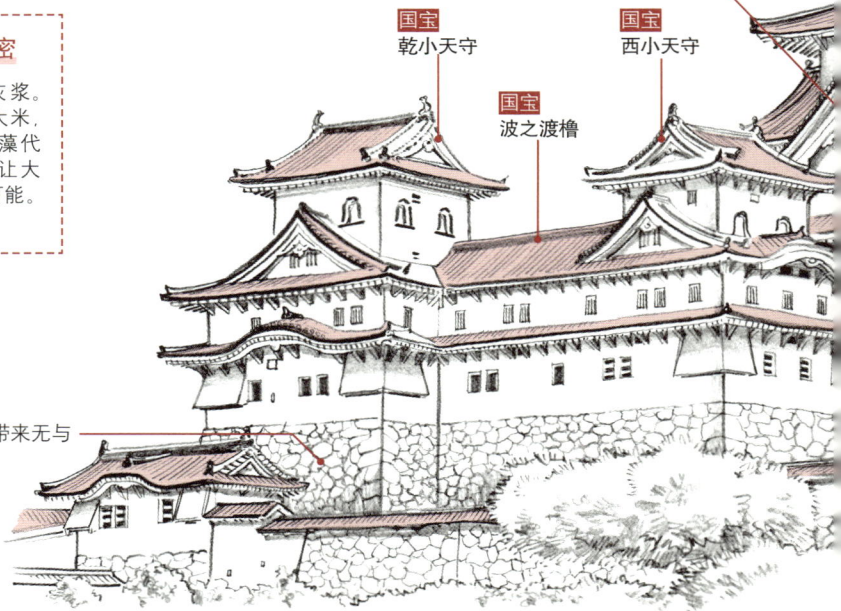

随处可见军事设计

与华丽外观形成对照的，是天守内部用于击退敌人的若干结构。前往天守途中经过的城门数量也在日本的城中排名第一，呈现出迷宫般的设计。

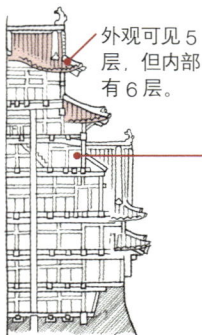

外观可见 5 层，但内部有 6 层。

石打棚（4 层）

进行监视或射击的基台。窗户位置较高，因此架设了脚手架。

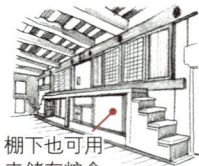

棚下也可用来储存粮食。

步枪狭间

开在橹或土墙上的洞。内侧较宽，适于进攻，外侧则较窄，适于防御。

○和△用来架设步枪，长方形用来射箭。

姬路城的天守群由大天守和小天守构成，其间以渡橹相连，从不同角度看，姿态迥然相异。一边沿中濠和外濠散步，一边从不同的角度眺望姬路城，也是参观的乐趣之一。

高 31.5 米

像出窗一样单独架在屋顶上的千鸟破风。

屋檐前方呈现弧形的唐破风。

石落

以众多第一闻名的世界遗产名城
姬路城

data
江户时代（庆长 13 年·1608 年）
兵库

　　在现存的天守中，有着"白鹭城"爱称的姬路城无论在面积、层数还是高度上都排名第一。大天守与三栋小天守，以及连接它们的四栋渡橹保存至今，均被指定为国宝。姬路城中的现存建筑大多为关原合战后成为城主的池田辉政主持修建。建筑的特点在于涂有灰浆的白墙壁形成的外观美与作为军事设施的实用性并存。此外，这座名城是筑城技术达到顶点的时期大规模修建的城郭之一，非常珍贵。它没有经历过激烈的战火，连石垣和堀等土木建筑都完好地保存了下来。

在被选为国宝的 5 座城中规模最大

被选为国宝的城只有 5 座。

天守保存至今的有 12 座城。

昭和 20 年（1945）的太平洋战争导致许多天守被烧毁。

明治 4 年（1871）的废城令导致全日本 200 余座城郭被废。

元和元年（1615）公布了各藩只能拥有一座城的"一国一城令"。

关原合战之后，筑城热潮到来。

伴随战火和法令而减少

国宝
姬路城
面积、层数和高度在 5 座城中都是第一。

彦根城
松本城
犬山城
松江城

境内有著名的代表性建筑，别有含义的华丽装饰

日光东照宫　阳明门

data
宽永 13 年〔1636〕
日光东照宫〔栃木〕

在日光东照宫，德川家康被供为神明，名曰"东照大权现"。第三代将军家光全面重建了第二代将军秀忠修建的社殿，其中的阳明门是代表日光东照宫的著名建筑，拥有将色彩发挥到极致的雕刻，跨越 500 年保留至今。因为阳明门有眺望一整天也不会厌烦的说法，所以又被称为"日暮门"。2017 年阳明门结束了历时 4 年的修复，鲜艳的色彩也得以再现，让人得以一睹当年的最高装饰水准。

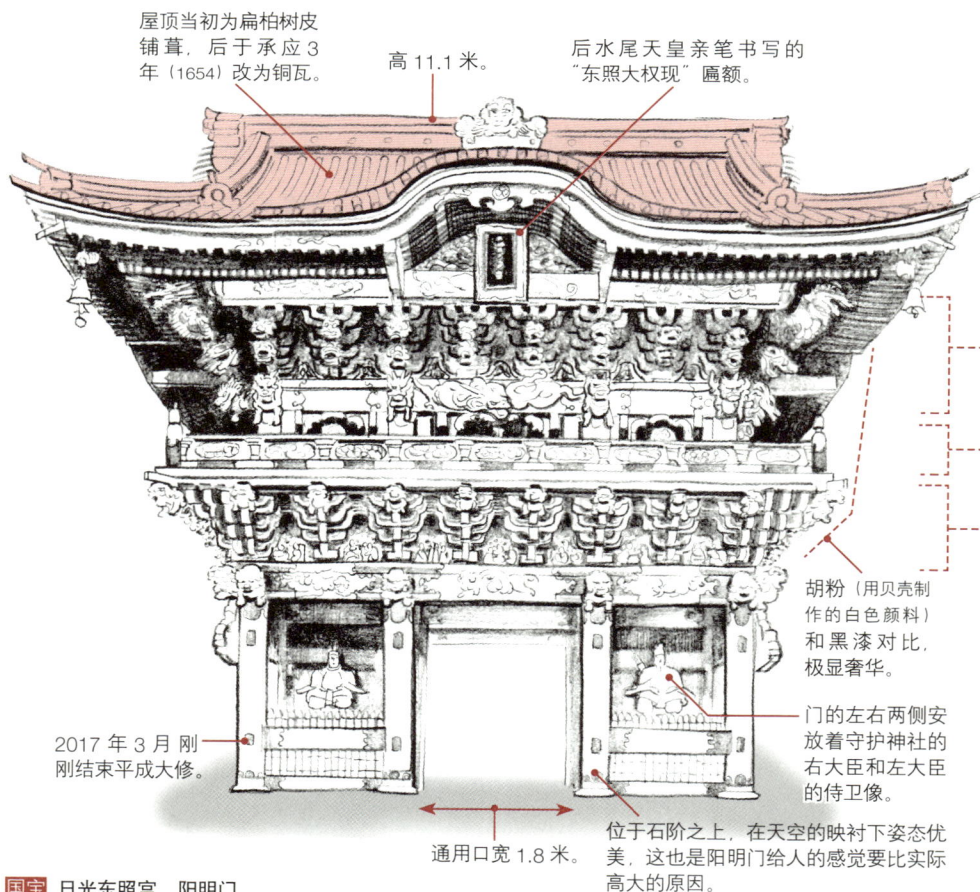

屋顶当初为扁柏树皮铺葺，后于承应 3 年（1654）改为铜瓦。

高 11.1 米。

后水尾天皇亲笔书写的"东照大权现"匾额。

胡粉（用贝壳制作的白色颜料）和黑漆对比，极显奢华。

2017 年 3 月刚刚结束平成大修。

门的左右两侧安放着守护神社的右大臣和左大臣的侍卫像。

通用口宽 1.8 米。

位于石阶之上，在天空的映衬下姿态优美，这也是阳明门给人的感觉要比实际高大的原因。

国宝 日光东照宫　阳明门

灵兽、动物、人物等雕刻色彩极尽绚丽

怀有神秘力量的灵兽们

狮子、龙等灵兽（想象中的生物）和唐子、圣人等人物的雕刻展现了家康的威望和理想。这些雕刻集中展现在本殿和阳明门等主要建筑上。

使用了红、蓝、绿等7种颜色。幕府的御用画师狩野探幽承担了阳明门的绘画与上色工作。

唐子游戏

上层栏杆上雕有穿着中式服装、正在玩耍的儿童。

龙
位于阳明门四方。不仅是装饰，还作为门体结构的组成部分支撑屋檐。

息
与龙相似，但上唇前端有鼻子，属另一种动物。

龙马
有蹄子的龙，属于灵兽，在东照宫中只见于阳明门。

阳明门与唐门上可见人物雕刻。

高栏上的唐子（中国儿童）和花鸟雕刻。

象征孩子们可以安心玩耍的和平世界。

"看得见"的结构

支撑屋檐的"斗拱"在阳明门中也是绚烂夺目的装饰。

高栏下的斗拱。

让阳明门在视觉上更显宏伟的设计

本殿、石之间、拜殿等社殿并立于中轴线上。

神厩社

回廊

国宝 阳明门
立于石阶之上，华丽的色彩跃然眼前！

在这里接连出现以黑色和朱红色为基调、在色彩运用上相对克制的建筑。

在参道起点无法看到阳明门。

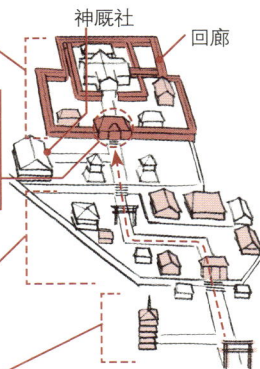

■ 国宝 ■ 重要文物

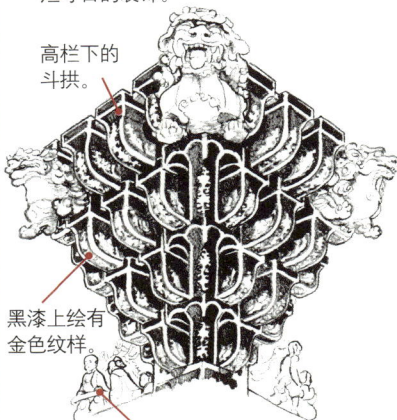

黑漆上绘有金色纹样。

斗拱之间雕有中国的圣贤和仙人，以此展现将军和大名们作为政治家的理念。

因"不视、不言、不听"闻名的"三猿"位于神厩舍，祈祷生活安稳的"睡猫"则位于通向东回廊奥社的通道上。

世界最古老的平民学校，完美保留创建时的美

旧闲谷学校　讲堂

data
江户时代（元禄 14 年 · 1701 年）
冈山县备前市

　　位于闲静山间的旧闲谷学校，是世界上现存最古老的、为平民开设的公立学校。受冈山藩主池田光政之命，因设计建造冈山后乐园而闻名的津田永忠耗费了大约 30 年，终于完成学校的建设。在总长约 765 米的石垣之中，坐落着讲堂、圣庙和闲谷神社，这些建筑全部保留着初建时的模样。作为中心设施的讲堂，是日本唯一被指定为国宝的学校建筑。

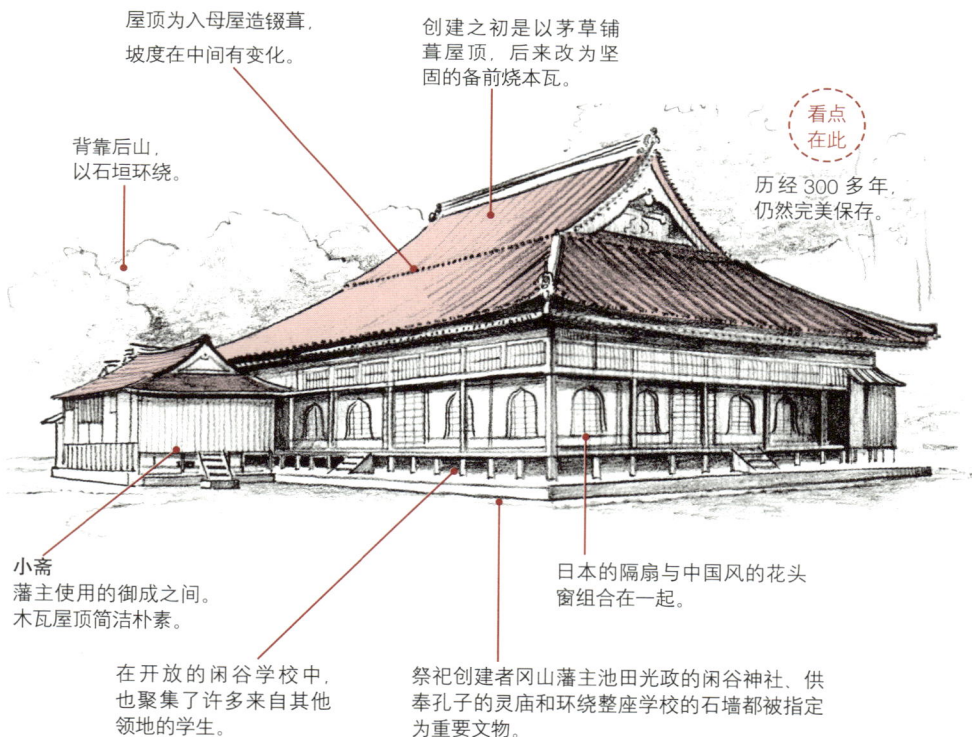

屋顶为入母屋造锡葺，坡度在中间有变化。

创建之初是以茅草铺葺屋顶，后来改为坚固的备前烧本瓦。

背靠后山，以石垣环绕。

看点在此

历经 300 多年，仍然完美保存。

小斋
藩主使用的御成之间。木瓦屋顶简洁朴素。

在开放的闲谷学校中，也聚集了许多来自其他领地的学生。

日本的隔扇与中国风的花头窗组合在一起。

祭祀创建者冈山藩主池田光政的闲谷神社、供奉孔子的灵庙和环绕整座学校的石墙都被指定为重要文物。

国宝 旧闲谷学校 讲堂

不使用土，也能固定屋瓦

讲堂采用了坚固的备前烧本瓦修葺。除了闲谷学校，几乎没有使用备前烧屋瓦的地方。

用事先切出豁口的木材卡在丸瓦和平瓦上进行固定，没有使用壁土。

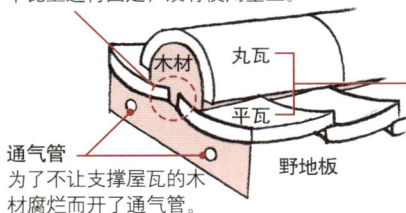

木材

丸瓦

平瓦

极其耐用的备前烧。创建时铺的是茅草，后来进行了修整。

野地板

通气管
为了不让支撑屋瓦的木材腐烂而开了通气管。

一般用土固定

在壁土上铺设屋瓦是最常见的方法，但是存在老化后污损建筑的问题。

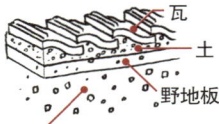

瓦
土
野地板

壁土会随时间老化，还可能碎裂掉落。

地板如镜子般闪闪发亮

讲堂面积约 92 坪。闪闪发亮的地板美得可以映出从窗户射入的光线和窗外的风景。

柱子和横木以漆为黏合剂相连。

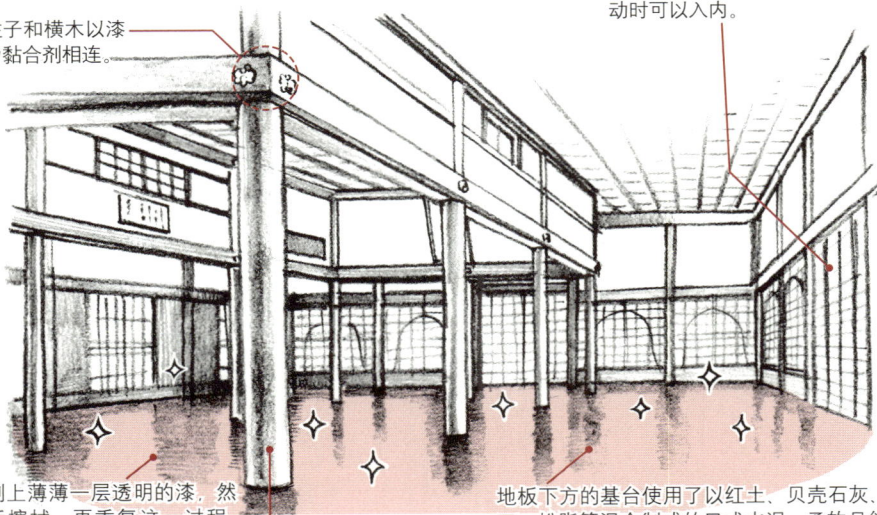

一般只能站在走廊上参观，但在每年举行论语塾等活动时可以入内。

刷上薄薄一层透明的漆，然后擦拭，再重复这一过程。这样的收尾工序称为"擦漆"。

地板下方的基台使用了以红土、贝壳石灰、麻刀、松脂等混合制成的日式水泥，柔软且能防止地下水渗透。

笔直柱子里的秘密

讲堂内部由 10 根榉木圆柱支撑。历经 300 年仍然纹丝不动的原因就在木材的使用方法中。

避开木材中心，就可以制成没有歪扭或裂痕的笔直柱子。

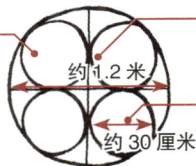

约 1.2 米

约 30 厘米

直径约 1.2 米、长度超过 4 米的没有木节的榉木。

从一根木材上可以取下 4 根直径约 30 厘米的柱子。

从 JR 山阴本线吉永站下车，换乘出租车约 8 分钟可达。义务导游会为参观者讲解建筑的看点。在红叶季，还能欣赏到美丽的风景，包括因为种在孔子墓地而被称为"学问之树"的楷树。

日本最大的神社建筑
出云大社本殿

data
江户时代（延享元年・1744 年）
出云大社（岛根）

位于岛根县出云市的出云大社，创建时间能追溯到神话时代，是日本最古老的神社之一。其中被指定为国宝的是建于延享元年（1744）的本殿，高约 24 米，其巨大的外观在神社建筑中别无他例。但是根据文献记载，中世的出云大社社殿更加宏伟，高达 48 米。如果这一说法准确无误，则可证明拥有超高地板的神殿是存在的。由于奇特且脱离现实，专家们曾经对此记载持否定态度，然而近年来，出云神社境内出土了由三根巨大的圆木组成的柱子，巨大神殿曾经存在的可能性也越来越大。

境内的结构

国宝 **本殿**
每 60 年重新铺葺一次扁柏树皮屋顶，现在的本殿屋顶是第四代。

楼门
共有两层，下层是没有屋顶的门。

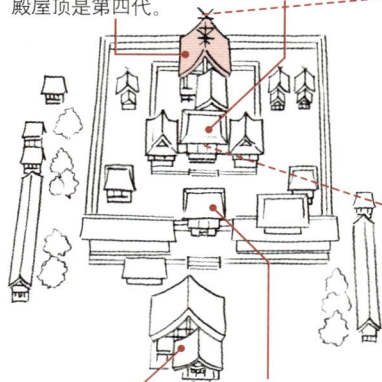

拜殿
昭和 34 年（1959）重建，可以看到巨大的注连绳。

八足门
建于宽文 7 年（1667），一般只能走到这里，无法再前进。

出云大社的主祭神是大国主命，这位神明同时也被视为结缘之神。人们一般只能走到八足门，但是每年的新年期间，八足门内也会对外开放。

经过更新的古代预想图

现在的本殿已经是高 24 米的巨大建筑，但据说过去曾高达 48 米。根据平安时代的书籍《口游》记载，当时的本殿比东大寺大佛殿还高。

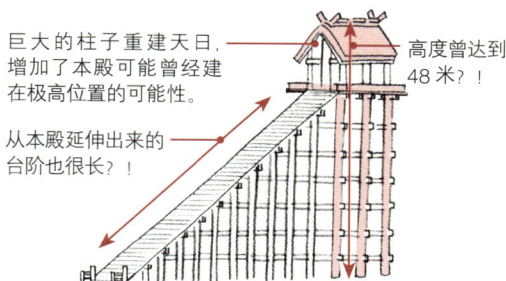

巨大的柱子重建天日，增加了本殿可能曾经建在极高位置的可能性。

高度曾达到 48 米？！

从本殿延伸出来的台阶也很长？！

日本最古老的神社建筑样式 "大社造"

出云大社本殿代表的 "大社造" 是神社建筑的主要样式之一，与 "神明造" 同为最古老的神社本殿样式，留存至今的建筑仅见于岛根县内。内部基本呈正方形。

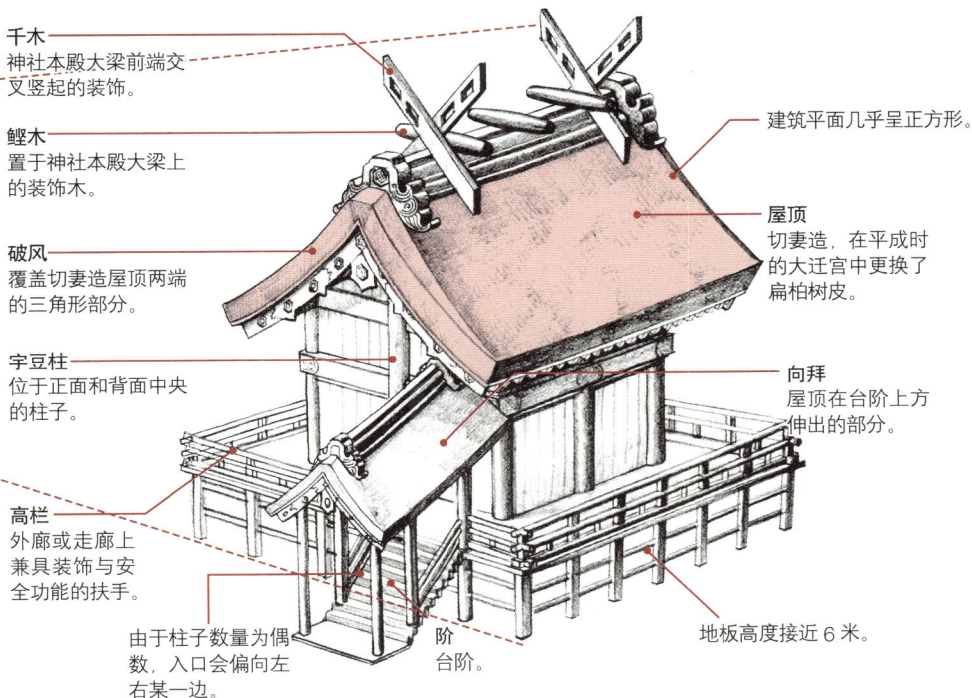

千木
神社本殿大梁前端交叉竖起的装饰。

鲣木
置于神社本殿大梁上的装饰木。

破风
覆盖切妻造屋顶两端的三角形部分。

宇豆柱
位于正面和背面中央的柱子。

高栏
外廊或走廊上兼具装饰与安全功能的扶手。

建筑平面几乎呈正方形。

屋顶
切妻造，在平成时的大迁宫中更换了扁柏树皮。

向拜
屋顶在台阶上方伸出的部分。

由于柱子数量为偶数，入口会偏向左右某一边。

阶
台阶。

地板高度接近 6 米。

支撑本殿的田字柱

神殿内的 9 根柱子呈田字形，中央的柱子称为心御柱，正面和背面的柱子称为宇豆柱。也许是为了支撑高层神殿，每根柱子都是用 3 根木头捆在一起形成的巨柱。

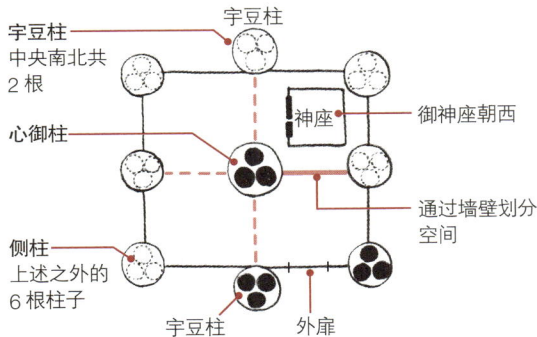

宇豆柱
中央南北共 2 根

心御柱

侧柱
上述之外的 6 根柱子

宇豆柱

宇豆柱

神座

御神座朝西

通过墙壁划分空间

宇豆柱　外扉

实际存在的巨柱

正如出云大社的平面图《金轮御造营差图》所绘，人们发现了将 3 根柱子捆在一起形成的总直径约 3 米的巨柱。

直径达 1.35 米的杉树

平成 12 年发现时的情形

出云大社并未对所有建筑实施重建，而是加以修缮，尽可能将创建当初的东西传到后世，与社殿和神宝全部更新的伊势神宫有所不同。

日本现存最古老的教堂

大浦天主堂

data
明治时代（元治元年 · 1864 年）
长崎县长崎市

看点
在此

唯一完整保留至今、建
于外国人居留地内的教
堂建筑。

有的彩画玻璃是大约
100 年前的作品。

以两名外国人神父的设计图
为基础，来自天草的木工小
山秀之进负责指挥施工。

入口处的圣母玛利亚
像是法国赠送给在日
本的许多曾隐藏身份
的教徒的。

面向长崎市的西坂方向。
除了二十六圣人，还曾
有许多人在那里遭受磔
刑和火刑。

国宝 大浦天主堂

内部呈现创建当初的美

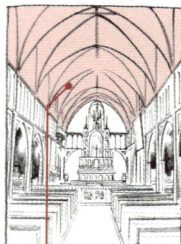

被称为肋架拱（rib
vault）的拱顶，哥特
式教堂多采用此结构。

　　位于长崎市南山手町的大浦天主堂，是江户幕府末期为在日外国人修建的、日本现存最古老的教堂。同时，这座教堂也是献给 16 世纪末在长崎殉教的 26 名天主教徒的，因此面朝殉教地西坂而建。尽管教堂的外观在扩建和改建中发生了变化，但内部的主要部分都维持着创建之初的模样，肋式拱顶和大约 100 年前的彩画玻璃都完美地保留了下来。这也是早期日本工匠设计、建造正规西洋建筑的珍贵案例。

🔍 从 JR 长崎站前换乘路面电车大约 20 分钟，在大浦天主堂站下车，步行 5 分钟即到。一般情况下教堂都对外开放，无需事
先联系，但有时会因活动关闭，最好提前确认。参观需要付费。

庆长遣欧使节关系资料

演奏音乐的天使们。

怀抱幼子耶稣的圣母玛利亚。

父神。

可能是由折叠造成的伤损。

看点在此 历经弹压，奇迹般地传至今天。

data
江户时代（17世纪）
仙台市博物馆（宫城）

下跪祝福圣母子的圣人们。

站在玫瑰花装饰的玫瑰念珠中。

国宝 庆长遣欧使节关系资料中的《玫瑰念珠圣母像》

悲剧的使节：支仓常长

1613年	奉仙台藩主伊达政宗之命从石卷市月浦起航（庆长遣欧使节），目的是向西班牙请求与墨西哥直接贸易。
	经墨西哥前往西班牙和罗马。
1620年	回到日本。基督教在日本已经被禁。

支仓常长
（1571—1622）

　　庆长18年（1613），伊达政宗为了与墨西哥通商，并招募传教士，将支仓常长等十余人派往欧洲。所谓庆长遣欧使节关系资料，是指常长从欧洲带回的日本的肖像画和资料。庆长一行人在赴欧7年后回到日本，但日本的局势已经发生变化，幕府发布了基督教禁令，当初的目标尚未达成，行动就被迫结束了。但是，常长等人带回日本的种种物品被今人视为呈现江户时代初期、日欧交流状况的贵重史料，也成为了日本的国宝。

🔍 在庆长遣欧使节关系资料中，还保留着支仓常长的肖像画，这是描绘实际存在的日本人的油画中最古老的一幅。此外，还有常长在罗马市议会被授予的公民权证书等资料，这些一并被指定为国宝。

融合西洋建筑技术的划时代国营制丝工厂

富冈制丝厂

data
明治 5 年（1872）
群马县富冈市

富冈制丝厂是近代日本第一座引入西方技术的国营机器制丝工厂。工厂从法国引进了当时最先进的机器和技术，致力于生产用来出口的优质生丝以及培养技术工人，规模极大。工厂于明治 5 年（1872）开始运行，此后，虽然经营母体数次发生变化，但工厂一直运行到昭和 62 年（1987），为制丝技术发展做出持续贡献。当时的建筑至今仍保存良好，缫丝所和东西两处置茧所被指定为国宝。

优美的木结构砖石置茧所

以东西两处置茧所为代表的优美的红砖建筑为木结构砖石造，比纯粹的木结构建筑更利于防火，比全用砖石的建筑耐震性强，在关东大地震中也未倒塌。

看点在此

法国的最新技术和日本的技艺相互融合，耐震性强，外观端庄优美。

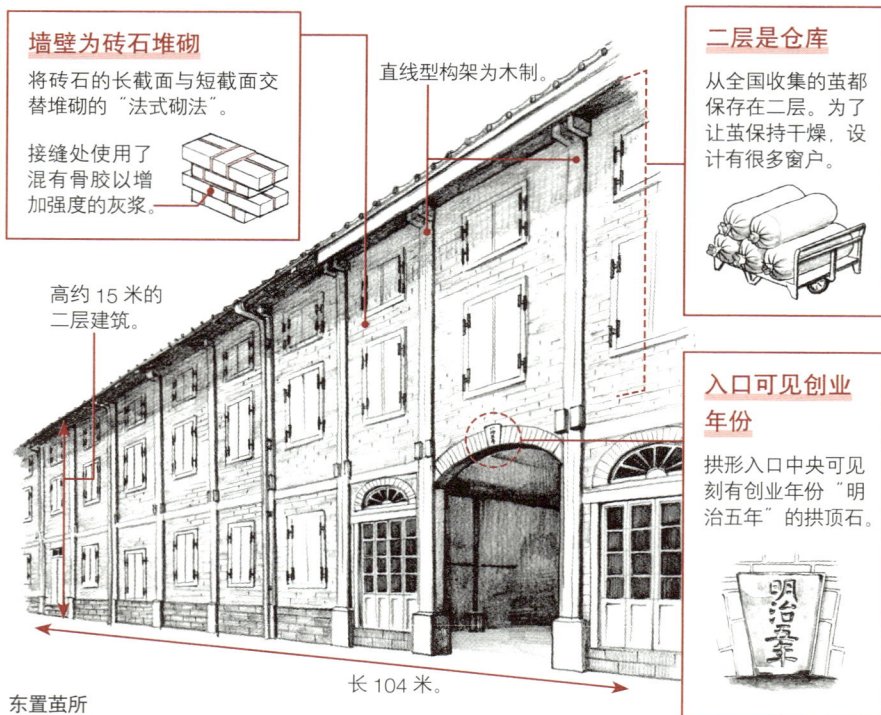

墙壁为砖石堆砌

将砖石的长截面与短截面交替堆砌的"法式砌法"。

接缝处使用了混有骨胶以增加强度的灰浆。

直线型构架为木制。

二层是仓库

从全国收集的茧都保存在二层。为了让茧保持干燥，设计有很多窗户。

高约 15 米的二层建筑。

入口可见创业年份

拱形入口中央可见刻有创业年份"明治五年"的拱顶石。

长 104 米。

国宝 东置茧所

国宝建筑3栋，重要文物6处

2014年，"富冈制丝厂和绢丝产业遗迹群"入选世界文化遗产名录，缫丝所、西置茧所和东置茧所共3栋建筑被指定为国宝。

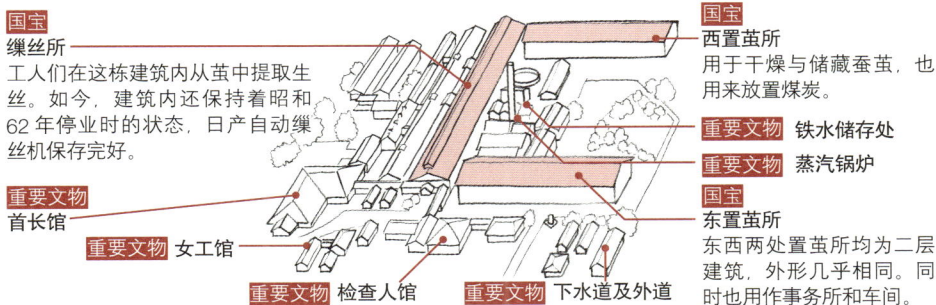

国宝
缫丝所
工人们在这栋建筑内从茧中提取生丝。如今，建筑内还保持着昭和62年停业时的状态，日产自动缫丝机保存完好。

重要文物
首长馆

重要文物 女工馆

重要文物 检查人馆

重要文物 下水道及外道

国宝
西置茧所
用于干燥与储藏蚕茧，也用来放置煤炭。

重要文物 铁水储存处

重要文物 蒸汽锅炉

国宝
东置茧所
东西两处置茧所均为二层建筑，外形几乎相同。同时也用作事务所和车间。

绢丝产量曾占世界30%的缫丝所

富冈制丝厂汇集了日本各地的女工，542坪的缫丝所引入了300台法国生产的缫丝机，高品质的生丝在日本国外也获得了极高评价。

排出水蒸气的越屋顶

人们可以通过楼梯爬到越屋顶，关闭或打开板窗。

越屋顶是为排出煮茧取丝时产生的水蒸气而设计的。

创造大空间的桁架结构

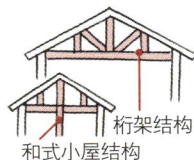

将木材组合成三角形，让屋顶的重量分散到梁上，可以创造出大空间。

桁架结构

和式小屋结构

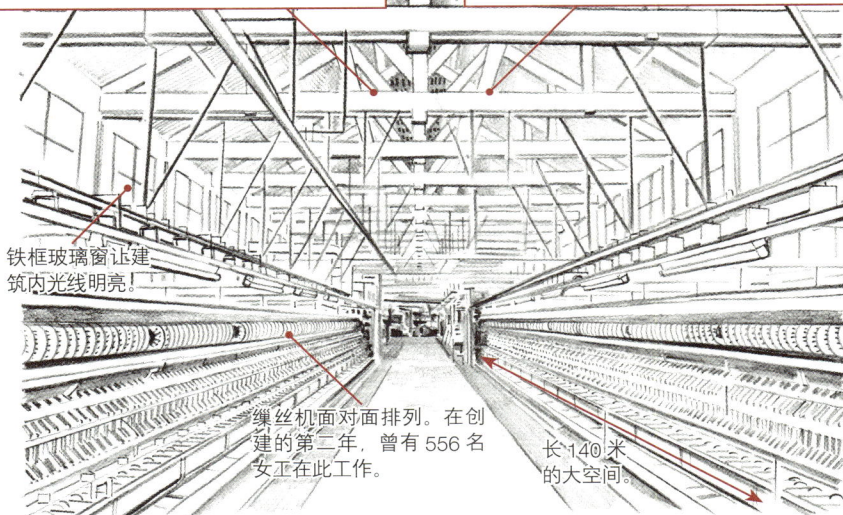

铁框玻璃窗让建筑内光线明亮！

缫丝机面对面排列。在创建的第二年，曾有556名女工在此工作。

长140米的大空间。

国宝 缫丝所

前往富冈制丝厂，需要从高崎站乘坐上信电铁，大约40分钟到达上州富冈站，再步行15分钟。参观以建筑外观为主，但缫丝所和东置茧所的部分内部设施也对外开放。

举全国之力完成的第一件明治时代国宝

迎宾馆赤坂离宫

data
明治 42 年（1909）
片山东熊设计
东京

迎宾馆赤坂离宫是日本西式建筑的代表。华丽的宫殿采用了新巴洛克样式，同时又在屋顶加入了盔甲与头盔元素的装饰，呈现出"和洋交融"的设计特点。设计者是师从约西亚·肯德尔（Josiah Conder）[1]的片山东熊。在绘画、七宝[2]墙饰和美术织物等室内装饰上，赤坂离宫也聚集了明治时代一流的画家和工匠，着实是一座举全国之力建成的宫殿。

规格最高的"朝日之间"

"朝日之间"是邀请国宾和贵宾举办沙龙使用的规格最高的房间，相当于欧洲宫殿中谒见的房间，用来举行礼节性拜访和首脑会谈。内部装修极尽奢华，包括挪威产的大理石柱、京都西阵的织物和从法国进口的家具。

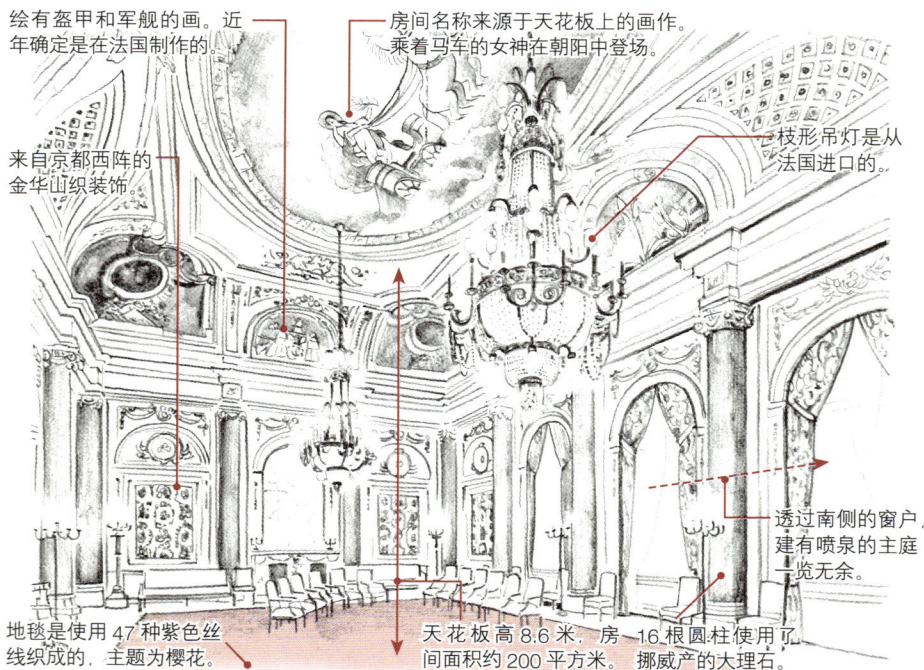

绘有盔甲和军舰的画。近年确定是在法国制作的。

房间名称来源于天花板上的画作。乘着马车的女神在朝阳中登场。

枝形吊灯是从法国进口的。

来自京都西阵的金华山织装饰。

透过南侧的窗户，建有喷泉的主庭一览无余。

地毯是使用 47 种紫色丝线织成的，主题为樱花。

天花板高 8.6 米，房间面积约 200 平方米。

16 根圆柱使用了挪威产的大理石。

① 约西亚·肯德尔（Josiah Conder，1852—1920），英国建筑家，1877 年来到日本，担任工部大学教师，主要设计作品有鹿鸣馆、尼古拉堂等。
② 七宝：一种工艺手法，在金属上施以玻璃质的釉进行装饰。

让人不禁屏息凝神的白墙宫殿

在踏入内部前，这座用花岗岩修建的厚重的白墙宫殿就会让人惊异于它的豪华。这既是一座新巴洛克样式的建筑，又点缀着许多和风设计，让人感受到片山东熊"修建日本独有的西式宫殿"的强烈决心。

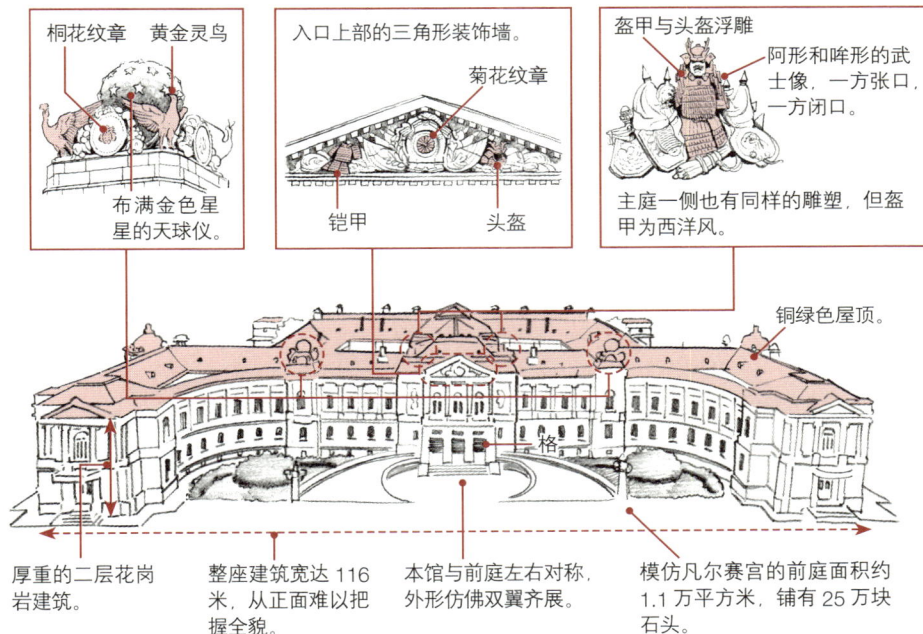

桐花纹章　黄金灵鸟

布满金色星星的天球仪。

入口上部的三角形装饰墙。

菊花纹章

铠甲　　头盔

盔甲与头盔浮雕

阿形和哞形的武士像，一方张口，一方闭口。

主庭一侧也有同样的雕塑，但盔甲为西洋风。

铜绿色屋顶。

格

厚重的二层花岗岩建筑。

整座建筑宽达 116 米，从正面难以把握全貌。

本馆与前庭左右对称，外形仿佛双翼齐展。

模仿凡尔赛宫的前庭面积约 1.1 万平方米，铺有 25 万块石头。

从上空俯瞰……

从正门沿宽阔的通道前行，前庭和本馆会依次出现在眼前，再向后则是建有喷泉的主庭。本馆的旁边是在迎宾馆改造时新建的和风别馆"游心亭"。

游心亭
由东京国立近代美术馆和帝国剧场的设计者谷口吉郎主持设计。作为日式待客场所，池塘里还养了漂亮的锦鲤。

国宝　※ 此外，东西卫舍也为国宝

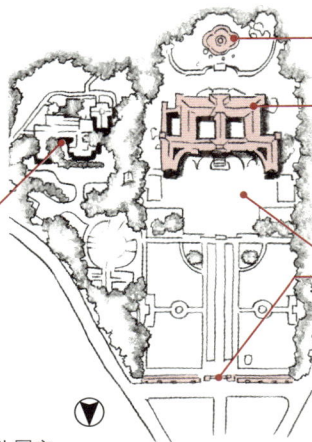

国宝
主庭喷泉、主庭台阶

国宝
本馆
设计与建筑的总指挥为片山东熊，负责软装工作的有黑田清辉、冈田三郎助、浅井忠、渡边省亭、涛川惣助等人。

前庭

国宝
正门及外墙
建成之初，正门的铁栅栏是由黑色与金色构成的。后来在建筑家村野藤吾的改造下，变成了让人更有亲近感的白色和金色。

迎宾馆赤坂离宫长期对外开放，不用预约也可参观。但是在客流高峰期，预约者可以优先入场，而和风别馆则是需要预约的。"朝日之间"因天花板绘画的修复作业而处于关闭状态，预计从 2019 年 3 月起开放。

寺院与神社的散步方法

提前了解寺内结构与礼仪

【寺院】

安放佛像、供僧尼修行并举行佛事的建筑及场所。
一般指佛教寺院，也称为寺、伽蓝或精舍。

例：P110 法隆寺、P112 药师寺等。

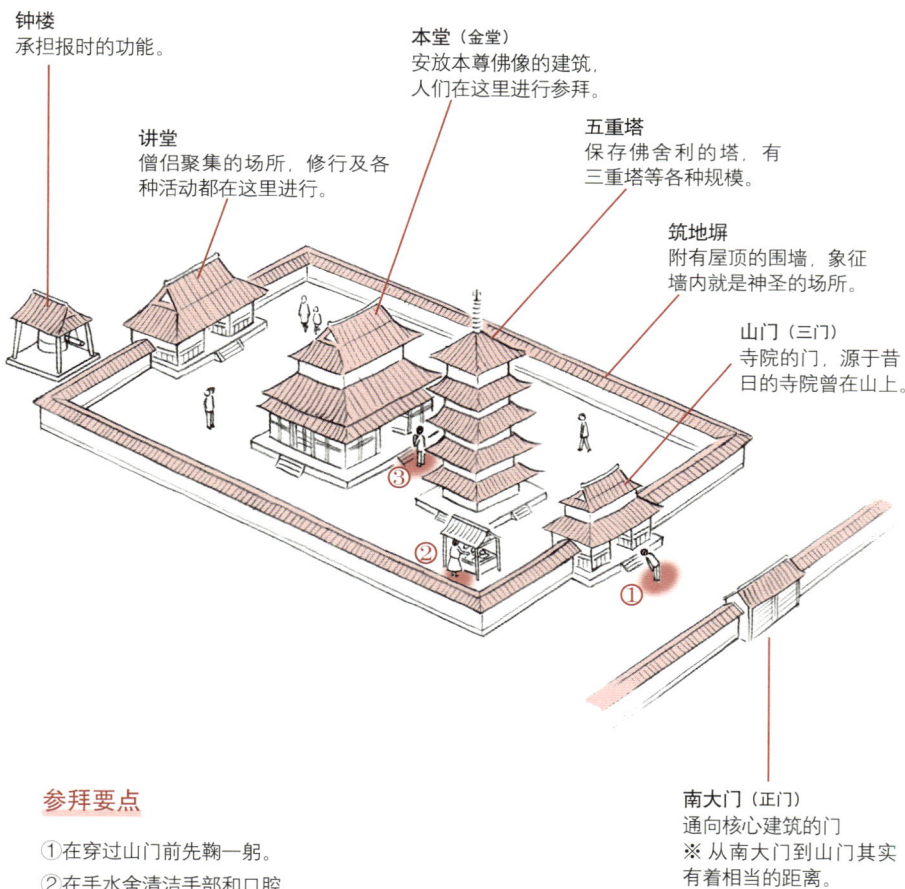

钟楼
承担报时的功能。

讲堂
僧侣聚集的场所，修行及各
种活动都在这里进行。

本堂（金堂）
安放本尊佛像的建筑，
人们在这里进行参拜。

五重塔
保存佛舍利的塔，有
三重塔等各种规模。

筑地塀
附有屋顶的围墙，象征
墙内就是神圣的场所。

山门（三门）
寺院的门，源于昔
日的寺院曾在山上。

南大门（正门）
通向核心建筑的门
※ 从南大门到山门其实
有着相当的距离。

参拜要点

①在穿过山门前先鞠一躬。

②在手水舍清洁手部和口腔。

③不拍手。安静地放入香资，在胸前合掌礼拜。

【神社】

祭祀神道中的诸神。由于古时以自然中的事物为神，所以最初并没有本殿，
后来在祭典时设置的神殿变成了神社建筑。

例：P122 严岛神社、P136 出云大社等。

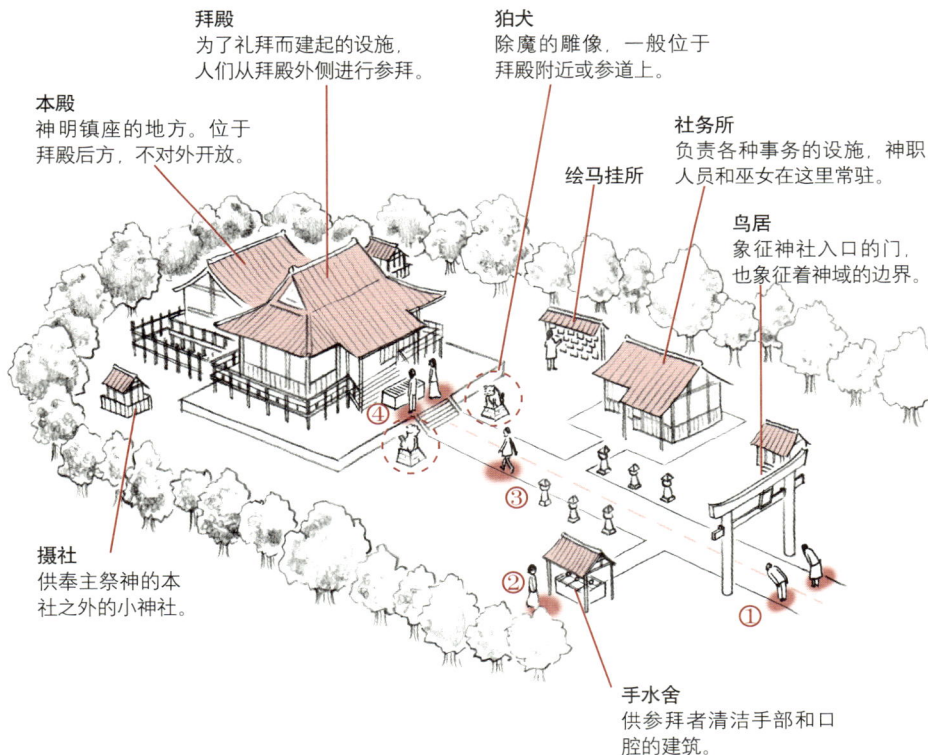

拜殿
为了礼拜而建起的设施，
人们从拜殿外侧进行参拜。

狛犬
除魔的雕像，一般位于
拜殿附近或参道上。

本殿
神明镇座的地方。位于
拜殿后方，不对外开放。

社务所
负责各种事务的设施，神职
人员和巫女在这里常驻。

绘马挂所

鸟居
象征神社入口的门，
也象征着神域的边界。

摄社
供奉主祭神的本
社之外的小神社。

手水舍
供参拜者清洁手部和口
腔的建筑。

参拜要点

①先鞠一躬，然后穿过鸟居。

② a.用长柄勺舀起水，首先清洗左手。

　b.换左手拿长柄勺，清洗右手。

　c.再次换手，用左手捧水漱口。

　d.再次清洗左手后，竖起长柄勺，用剩余
的水清洗勺柄。

③参道的中央被视为神明的通道，要沿侧边前行。

④安静地投入香资，摇响铃铛。然后端正姿势，
按照鞠两躬—拍两次手—鞠一躬的顺序进行
礼拜。

※ 出云大社的礼拜顺序为鞠两躬—拍四次手—
鞠一躬。

用数字解读国宝

关注数字，从最古、最新、最小、最大、最多等方面介绍国宝的历史与背后的故事。

2018 年 3 月 9 日，日本文化审议会就 5 件美术工艺品（莲花王院本堂的千体千手观音立像等）的国宝指定问题向文部科学大臣进行了陈述。也就是说，这一年国宝的数量一下增加了 5 件。每年国宝增加的数量不固定，但都有像这样从重要文物升级为国宝的。按照惯例，每年 4 月下旬到 5 月上旬，最新被指定为国宝的美术工艺品都会在东京国立博物馆对外展示。

5件
〈 2018年
增加的数量
（美术工艺品）〉

雪舟（1420—1507 前后）

室町时代的水墨画家，主要作品有京都国立博物馆藏的《天桥立图》、东京国立博物馆藏的《秋冬山水图》等。

画家中，被评为国宝的作品数量最多的是雪舟，拥有 6 件。雪舟是影响了狩野派等后世画家们的大人物，他一直在山口地区进行创作，没有卷入都城的大规模战争中，因此留下了相对较多的作品。

6件
〈 画家中国宝作品
数量最多的雪舟〉

我们通常用"件"来计算国宝，但"一件"并不一定指一个作品。熊野速玉大社数量过千的古神宝类作品就被算作一件，"琉球亡国尚家关系资料"所包含的 1251 项作品也被当成一件。最新被指定为国宝的千体千手观音立像（莲华王院本堂）也是将 1001 尊像看作一件。在这类国宝中还有更夸张的，比如《醍醐寺文书圣教》中包含的作品数量多达 69 378 件。

1000
件以上

〈 数量庞大
的国宝〉

P36
古神宝类
熊野速玉大社传承

刀剑是占据全部国宝大约十分之一的一大组成。最近，在以刀剑为主题的游戏助力下，每当举办名刀展览，就会排起长队。想要欣赏刀剑，一般是去参观博物馆的特别展览或常设展览，但寺院和神社中的宝物馆也不可错过，在宝物馆能看到供奉上来的贵重名刀。

P31
《金地螺钿毛拔形太刀》
春日大社

约 **1** 成

〈刀剑在全部国宝中占大约1成〉

被选为国宝的作品数量最多的画家是雪舟，而作品被选为国宝的数量超越雪舟的是日本真言宗开山鼻祖空海。空海擅长书法，仅亲笔作品就有《聋瞽指归》《灌顶历名》《风信帖》等8件。如果将基于空海的构想修建的教王护国寺（东寺）和制造的佛像等包含在内，则数量超过了20件。

P98
空海与密教用具

20 件以上

〈保存数量最多的是空海的作品〉

无论多少，全日本各地都可以看到被列入国宝的绘画和工艺品。但是，说到以佛像为代表的雕刻作品，情况就截然不同了，在134件国宝雕刻作品中，多数都位于关西，其他地区只有8件。2017年被指定为国宝的深大寺释迦如来倚像是罕见的位于关东的白凤时期铜造佛，曾一度成为社会话题。国宝所在地果然还是更加偏向政治和宗教的中心。

约 **94** %

〈关西的雕刻作品占压倒性比例〉

如果用图来表示所在地……

东京 约2%　大阪·和歌山 约5%　京都 约25%　奈良 约54%

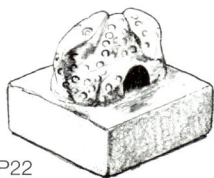

P22
金印

说到小巧的国宝，就会想到福冈县志贺岛出土的金印。刻有文字的印面是边长 2.3 厘米的正方形，高度也只有 2.2 厘米。"汉委奴国王"五个字强有力地刻在这一小空间中，印的手柄部分设计成了蛇的形状。看到实物，就会惊讶于其尺寸之小和做工之精细，这是日本目前最小的国宝。

2.3 厘米

〈 最小的国宝 〉

在集体被指定为国宝的物件中，还有以毫米为单位的微型国宝。兴福寺作为镇坛具的砂金正是如此，其中有不到 1 毫米的颗粒。所谓镇坛具，是指寺院创建时埋在地下用来安抚土地神的。在兴福寺中，人们从中金堂的基坛中发现了此类物品，包括金块等金属，还有琥珀、水晶念珠、镜子、太刀等，种类丰富，数量庞大，砂金也是其中之一。

1 毫米以下

〈 更小的
微型国宝 〉

兴福寺中金堂镇坛具
中的砂金
8 世纪
东京国立博物馆

仁和寺的药师如来坐像是高度仅有 11 厘米的国宝。长期以来，这尊佛像都是绝对的秘佛，在 1986 年京都国立博物馆进行的寺社调查中第一次公之于众。佛像由白檀雕成，施以纤细的金箔纹样（截金①），十分符合贵族阶层喜好，小巧而优美。

11 厘米

〈 仁和寺的
小秘佛 〉

药师如来坐像
1103 年
仁和寺（京都）

①截金：佛像的一种着色技法，将金箔或银箔切成细线，贴出各种纹样。

54.8米

东寺
五重塔

48.7米

46.1米

P93
东大寺大佛殿

自由女神像
（美国）

39.6米

科科瓦多的基督像
（巴西）

20米

吉萨的狮身人面像
（埃及）

15米

P92
卢舍那佛坐像

人类站立的
高度

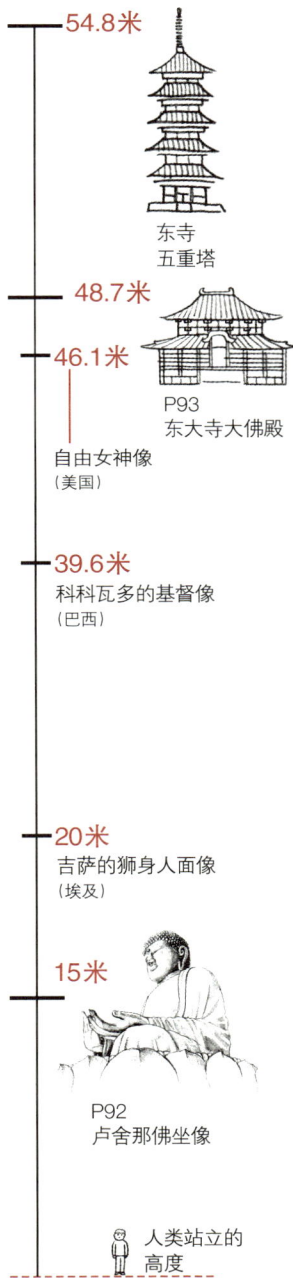

〈 最高的国宝 〉 **54.8**米

　　教王护国寺的五重塔，以日本最高木建筑傲然于世，高 54.8 米，从新干线上也能看见，是京都的地标。这座塔最初建于平安时代初期，曾几次毁于大火，现在看到的是江户时代（宽永 21 年·1644 年）重建的第五代。第一层塔的内部是色彩极其丰富的密教空间，通常不对外开放，但也有特别公开的时候。

48.7米

〈 最大的国宝 〉

　　说到最大的国宝，就是东大寺的大佛殿了，宽 57 米，深和高大约 50 米，是世界上最大规模的木建筑。迄今为止，大佛殿经历过两次重建，据说初建时正面比现在更宽，达到 86 米，可以在国宝《信贵山缘起绘卷》中看到当时的情形。

　　此外，安放在大佛殿中的，是日本最大的佛像——卢舍那佛坐像（大佛），高 14.98 米，脸宽 3.2 米，手掌长 2.5 米，身体每一部分的尺度都是"大号"。顺便一提，人称镰仓大佛的高德院本尊阿弥陀如来坐像高 11.3 米，相比之下，虽身形稍小，但也是代表关东的国宝大佛。

国宝在日本的诞生要追溯到明治 30 年（1897）制定的古社寺保存法。提出国宝这一概念的是欧内斯特·费诺罗萨。为了防止重要的文化遗产遭到破坏或流向海外，政府开始出资进行保护。此后，保护文化遗产的法律也得以修订并强化，直到如今的文化遗产保护法形成（昭和 25 年公布）。

明治

30 年

〈 国宝的开始 〉

近年来，明治 5 年（1872）开业的富冈制丝厂（P138）等年代较晚近的国宝陆续登场。其中最新的就是建于明治 42 年（1909）的迎宾馆赤坂离宫（P140），它也是明治时代之后的文化遗产中第一个被指定为国宝的。说到重要文物，明治、大正、昭和时期的文物还有很多，今后也可能会成为国宝。

明治

42 年

〈 最新的国宝
出现的年份 〉

P18
深钵形土器

P20
绳文的维纳斯

日本最新的国宝是明治时代的建筑，而最古老的国宝则是距今约 5000 年前的绳文土器和土偶。"新潟县笹山遗迹出土深钵形土器"，是包括著名的火焰型土器在内，由 928 件出土品组成的国宝的正式名称。在从笹山遗迹发掘出来的这些出土品中，57 件深钵形土器是绳文土器中的第 1 号国宝。

约 # 5000 年前

〈 最古老的国宝 〉

唐代高僧、日本律宗的开山鼻祖鉴真曾经数次渡日失败，最后尽管已经失明，但终于来到了日本。此前，鉴真失败了 5 次，或是遭遇海难，或是漂流到了远方的岛上，可谓拼上了性命的航行。鉴真创建的唐招提寺中保存了许多以国宝为代表的文化遗产，一切都源于他不惜生命的东渡。

6次
〈 鉴真渡日的挑战次数 〉

P94
鉴真和尚坐像

向大众展示国宝符合人们的愿望，但是日本有许多文化遗产都由纸或布等脆弱材质制成。为了将它们传给下一代，展示是有规定的。例如每年公开展览的天数，原则上不能超过 60 天，移动的次数不能超过两次。学艺员等专家们就是遵照这些细致的规定，保护着文化遗产。

60天以内
〈 1年间可能
公开展示的天数 〉

近年来，网络上出现了以众筹的方式保护或购买文化遗产的现象。例如因地震而禁止入山的三佛寺奥院投入堂之所以能用半年的时间修好迂回步道，就是利用网络募集到的整修资金，在较短的时间内，募集的资金就超过了 200 万日元的目标，达到了大约 900 万日元。

900
万日元
〈 轻松的网络募捐 〉

P118
三佛寺奥院（投入堂）

Bibliography
主要参考文献

- 『迎賓館』毎日新聞社　1975 年
- 『徳川美術館蔵品抄　初音の調度』徳川美術館　1985 年
- 『NHK 徳川美術館①　奥道具の華〜源氏物語絵巻と初音の調度〜』
  日本放送出版協会　1988 年
- 中村昌生『待庵　侘数寄の世界』淡交社　1993 年
- 『国宝』とんぼの本　新潮社　1993 年
- 『国宝伴大納言絵巻』出光美術館　1994 年
- 大橋一章『天寿国繍帳の研究』吉川弘文館　1995 年
- 『東京国立博物館ガイド　本館編　一歩近づいて見る日本の美術』東京美術　1995 年
- 『日本美術館』小学館　1997 年
- 泉武夫『美術館へ行こう　み仏の絵に近づく』新潮社　1998 年
- 濱田直嗣『東北の原像ー美と風土と人の文化誌』創童舎　2001 年
- 『唐招提寺金堂平成大修理記念　国宝　鑑真和上』展　TBS　2001 年
- 大橋一章・谷口雅一『隠された聖徳太子の世界〜復元・幻の天寿国』
  日本放送出版協会　2002 年
- 黒田日出男『謎解き伴大納言絵巻』2002 年　小学館
- 『すぐわかる　日本の国宝の見かた　絵画・書　彫刻　工芸』東京美術　2003 年
- 『特別展「祈りの道〜吉野・熊野・高野の名宝〜」』大阪市立美術館　2004 年
- 小松茂美『図説　平家納経』戎光祥出版　2005 年
- 『日本の美術』476 号「出雲大社」至文堂　2006 年
- 米倉迪夫『源頼朝像 沈黙の肖像画』平凡社　2006 年
- 山本勉『仏像のひみつ』朝日出版社　2006 年
- 『世界遺産　建築の不思議』ナツメ社　2007 年
- 『BRUTUS』624 号「国宝って何？」マガジンハウス　2007 年
- 『週刊　原寸大　日本の仏像』45 号「葛井寺　千手観音と獅子窟寺・薬師如来」
  講談社　2008 年
- 山本勉『続　仏像のひみつ』朝日出版社　2008 年
- 『週刊　原寸大　日本の仏像』49 号「三佛寺　蔵王権現と山陰、山陽の古仏」
  講談社　2008 年

- 仏像ガール（廣瀬郁実）・西山厚監修『感じる・調べる・もっと近づく　仏像の本』
  山と渓谷社　2008 年
- 長岡龍作『日本の仏像―飛鳥・白鳳・天平の祈りと美』中央公論新社　2009 年
- 『週刊朝日百科　国宝の美』48 号「片輪車蒔絵螺鈿手箱」朝日新聞出版　2010 年
- 『日本の美術』538 号「近世の学校建築」ぎょうせい　2011 年
- 『カラーでわかるガイドブック　知ってる？正倉院―今なおかがやく宝物たち―』
  ミネルヴァ書房　2011 年
- 磯崎新『日本の建築遺産 12 選　語りなおし日本建築史』新潮社　2011 年
- 『日本美術全集』1 ～ 17 巻　小学館　2012 年～ 2015 年
- 『太陽の地図帖 地獄絵を旅する　残酷・餓鬼・病・死体』平凡社　2013 年
- 真野匡・鷹巣純監修『地獄探訪　女子は全員地獄行き !?』朝日新聞出版　2013 年
- 山下裕二・高岸輝監修『日本美術史』美術出版社　2014 年
- 萩原さちこ『「現存」12 天守めぐりの旅』学研パブリッシング　2014 年
- 『美術手帖　特集　国宝のすべて』美術出版社　2014 年
- 渡邉妙子・住麻紀『日本刀の教科書』東京堂出版　2014 年
- 『日本国宝展』東京国立博物館　2014 年
- 『国宝に会いに行く　橋本麻里と旅する日本美術ガイド』NHK 出版　2015 年
- 山本陽子『図像学入門―疑問符で読む日本美術―』勉誠出版　2015 年
- 『特別展　国宝　信貴山縁起絵巻―朝護孫子寺と毘沙門天王信仰の至宝―』
  奈良国立博物館　2016 年
- 狩野博幸監修『知っておきたい国宝 130 選』宝島社　2016 年
- 『国宝に会いに行く II　橋本麻里と旅する日本美術ガイド』NHK 出版　2016 年
- 『神々が見える　神社 100 選』新潮社　2016 年
- 『国宝《浮線綾螺鈿蒔絵手箱》修理後初公開　神の宝の玉手箱』展
  サントリー美術館　2017 年
- 『週刊ニッポンの国宝 100』1 号～　小学館　2017 年
- 『京都国立博物館開館 120 周年記念特別展覧会　国宝』京都国立博物館　2017 年
- 『日本の宝』KK ベストセラーズ　2017 年
- 『BRUTUS』856 号「特集　国宝」マガジンハウス　2017 年
- 『BRUTUS』856 号「特集　国宝」マガジンハウス　2017 年
- 『BRUTUS』862 号「建築を楽しむ教科書　伝統建築編」マガジンハウス　2018 年
- 『&Premium』「心を鎮める、美しい聖地へ」2018 年 2 月号　マガジンハウス　2017 年

作者简介

佐藤晃子

美术撰稿人。以简明易懂的方式撰写过多部介绍日本与西方绘画的著作。毕业于明治学院大学文学部艺术学科，后于学习院大学研究生院人文科学研究科修读博士前期课程（美术史专业）。著有《通过标题解读日本绘画》（山川出版社）、《这幅画哪里厉害？》（新人物往来社）、《作为常识应该了解的50件日本国宝》（河出书房新社）等。

KOKUHO NO KAIBO ZUKAN
© AKIKO SATO 2018
Originally published in Japan in 2018 by X-Knowledge Co., Ltd.
Chinese (in simplified character only) translation rights arranged with
X-Knowledge Co., Ltd.
All rights reserved.

著作版权合同登记号：01−2022−1921

图书在版编目（CIP）数据

日本国宝解剖书 ／（日）佐藤晃子著 ；史诗译
. −− 北京 ：新星出版社，2023.2
ISBN 978−7−5133−5121−8

Ⅰ．①日… Ⅱ．①佐… ②史… Ⅲ．①历史文物−介
绍−日本 Ⅳ．① K883.13

中国版本图书馆 CIP 数据核字 (2022) 第 256207 号

日本国宝解剖书

[日] 佐藤晃子 著

史诗 译

责任编辑 汪　欣
特约编辑 赵慧莹　秦　薇
封面设计 李照祥
内文制作 张　典
责任印制 李珊珊　史广宜

出　　版 新星出版社　www.newstarpress.com
出 版 人 马汝军
社　　址 北京市西城区车公庄大街丙 3 号楼　　邮编 100044
　　　　　　 电话 (010)88310888　　传真 (010)65270449
发　　行 新经典发行有限公司
　　　　　　 电话 (010)68423599　　邮箱 editor@readinglife.com
法律顾问 北京市岳成律师事务所

印　　刷 北京盛通印刷股份有限公司
开　　本 710mm×1000mm　1/16
印　　张 10
字　　数 140千字
版　　次 2023年2月第一版　　2023年2月第一次印刷
书　　号 ISBN 978−7−5133−5121−8
定　　价 58.00元
